忘れられたBC級戦犯
ランソン事件秘録

玉居子精宏
Tamaiko Akihiro

中央公論新社

はじめに

「時代が移りいかに豊かに平和になろうとも、戦争の昭和は私どもに深い傷を残しました。（中略）すべてを黙って受け入れて行かねばならないことは、なかなかにしんどいことです」

二〇一九年一月、私はこんな風に書かれた手紙を受け取った。

手紙の主の叔父にあたる人は、一九五一年（昭和二六年）三月一九日、フランス領インドシナ（仏印。現在のベトナム、カンボジア、ラオス）のサイゴン（ホーチミン市）郊外で銃殺刑に処された。その一年ほど前、サイゴンの常設軍事裁判所――フランスの軍人の犯罪事件を管轄する機関――の法廷で「謀殺共犯」なる罪で死刑判決を受け、刑が執行されたのだ。祖国日本がサンフランシスコ講和条約発効（一九五二年四月二八日）によって占領を脱し、独立を果たすまであと一年と少ししかなかった。

思いを綴《つづ》ってくれたその人は、当時まだ幼かった。実の父親は戦没していた。復員してきた叔父は父親代わりのような存在だった。だがある日叔父はいなくなり、遠く南方で没したのである。

すべての日本人にとって戦争は「しんどいこと」だったにちがいない。しかしそれは戦後も続いていたのだ。

戦犯の汚名を着せられて身近な人が亡くなる。部外者はその辛さを容易に想像できない。罪悪と結びついた戦犯という言葉とともに戦後を生きる。それが重荷でないわけがない。

叔父にあたる人は若い将校だった。日本軍が仏印で起こした作戦に従い、結果的にある事件で戦犯容疑に問われることになった。

まず事件と背景にある作戦から書いてみよう。

一九四五年三月のことである。日本軍は北部仏印の町ランソンで三〇〇人を超す捕虜を殺害した。地名をとって「ランソン事件」と呼ばれる。

事件に先立って同月九日、日本軍はフランス植民地政府を解体するべく「明号作戦《めいごう》」を発起、全土で軍事行動に入っていた。

ランソンにおけるフランス植民地軍（仏印軍）の抵抗は頑強だった。日本軍は多くの死傷者を出して打倒した。

そして戦闘ののちに生じた捕虜のうち、現地の安南人《アンナン》を除いて殺害した。現場は血の池になり、酸鼻《さんび》をきわめたという。殺害を部下に命じた将校のひとりが、その光景に目を背け、現場を立ち去ったとの逸話も残っている。

殺害は三月一二日、ランソンの数カ所で行われたとみられる。「捕虜収容所を変更する」という口実のもとにある場所に集められたケースもあったようだ。

仏印軍下士官を夫に持つ女性（民間人）の証言をもとに、現場のひとつの様子を再現してみる。

私たちは仏印軍の士官倶楽部の庭へ着きました。そこには一塹壕《ざんごう》があり、日本人は私たちにそこへ下りて行けと命じました。私の後方にいたメルシエ夫人は背中に弾丸を受け、その場に殺され倒れました。

私は右脇に弾丸を受け倒れました。第二弾は私の左腕を砕き、私の腕に抱えてきた私の息子の頭蓋骨を飛ばしました。第三弾は私の右手頸《てくび》を砕きました。

この屠殺《とさつ》が終わり、約十分ばかり日本兵はその場に留まり、それからみんなが死んだと思って出て行きました。

その後、戻ってきた日本兵は殺害したはずの何人かが欠けていることに気づいた。死なずに現場を脱出した者がいたのだ。遺体を転がすなどした日本兵は、証言者の女性に対しては声をかけて生死を確認、反応がないと見るや物品を奪って去った。

ランソン事件は、このように死体の山から逃げ出した者が国境を越えて中国側に入り、生き延びるなどしたことから露見したといわれる。軍人や民間人に対して、ここに引いた証言に類似したことがいくつか発生したのだと思われる。

武装解除した敵（捕虜）を殺したのだから、間違いなく残虐行為である。

ハーグ陸戦規則（一八九九年）は捕虜の取り扱いを定めた条約だが、日本は批准こそしなかったものの、この条約に準じて捕虜――当時は俘虜《ふりょ》と呼んだ――を取り扱うとしていた。捕虜には衣食を与え、養わなければならなかった。だがそれを殺害したのである。

三〇〇有余人という規模にもかかわらずこの事件はほとんど知られていない。ランソン事件はおろか、日本がフランスと戦ったこと自体が忘れられている。

たとえば『BC級戦犯』（田中宏巳著）は、戦後フランスが大量の日本人戦犯を裁いた事実をこう書いている。

（日本はフランスと）終戦までの間に戦闘を交えたことはなく、どうしてこのような結果になったのか納得しにくいのではないだろうか。

確かにフランス本国とは戦っていない。しかし植民地においては明号作戦によって戦火を交えているのだ。

私はランソン事件を、芥川賞作家の古山高麗雄《こまお》の小説「七・七・七」で知った。古山はこの作品中で、戦犯の弁護にあたった、杉松富士雄弁護士の編著『サイゴンに死す――四戦犯死刑囚の遺書』を引きながら、事件について言及していた。

古山自身も仏印で裁かれたBC級戦犯だった。私は彼の評伝『戦争小説家 古山高麗雄伝』を書きながら、BC級戦犯裁判（BC級裁判）、とりわけランソン事件に関心を抱いていた。

事件によって二六人が容疑者とされ（五〇余人とする資料もある）、最終的には責任をとって三人の大尉と一人の大佐、合計四人が銃殺刑になった。

一方で上層部は罪に問われなかった。

命令を受けて人を殺すことが軍隊の使命だが、そのために、戦後に罪を問われた人びとがいた。刑の執行は敗戦から六年近くを経ていた。この事実は私に重く迫ってきた。

極東国際軍事裁判（東京裁判。一九四六年～一九四八年）にもランソン事件に関する証拠書類が提出された（日本とフランスは戦争中、同盟国の関係にあったことから、ここでは取り扱われなかったという）。

この事件は無謀な作戦、人命――敵味方を問わず――の軽視、責任の所在のあいまいさなど、日本軍の負の面を余さず示す。

私がランソン事件について書きたいと思ったのは、事件の顚末《てんまつ》が、いつの時代の日本人も対峙《たいじ》する問題を象徴していると考えるからだ。そこには個人と組織の間に生じる相克の典型がある。何かことがあると、未来のある若者ほど背負わされるものが多いという不条理もある。

裁きと刑を甘受した人びとの言葉は、七〇余年の時を超えて読む人の胸を打つ。平和の戦後を享受するなら、苦渋の戦後を生きた彼らの経験と思索を受け止めなければならない。

上官の命令を拒むことはありえなかった

若輩の私が自戒を込めて言えば、戦争を直《じか》に知らない現代人がまず理解しなければならないと思うことがある。それは、ランソン事件に関わった人びとがごくありふれた人間だったということだ。

戦後、日本の軍隊はその無謀や非道をもって批判されてきた。徴兵によって軍人になった人はまだしも、職業軍人はとりわけ印象が悪い。

だが言うまでもなく、軍人は戦場において命令のままに動かなければならない。敵に勝つために命令を拒むことはありえない。そんなことをすれば厳しい制裁を受けることになる。

陸軍の戦闘マニュアルとでも言うべき『作戦要務令』の第二篇「指揮及連絡」には、軍隊の指揮は「統帥の大権」、すなわち天皇の権能に根源があると書かれている。

天皇の権能による命令を、「各級指揮官ハ厳粛ニ之ヲ承行」しなければならない。

ただ実行するのでなく、厳粛に承り、行うのだ。命令を下した上官も命令を受けている。自分が上官の命令を拒むことも、部下が自分の下達する命令を拒むことも考えられなかった。それは軍刑法によって「抗命罪」に問われる犯罪だったからだ。軍刑法とは名前の通り軍隊の刑法であり、陸軍刑法と海軍刑法を併称したものである。

ランソン事件で銃殺刑となった四人はいずれも将校——兵隊を指揮する立場にある——だった。陸軍なら、将校の多くはその養成機関である陸軍士官学校（陸士）に学んだ。卒業して軍務につくときには二〇歳を越えるくらいで、その時点から兵隊を指揮する。

部隊に勤務し、優秀な者は所属する連隊の連隊長による推薦を受けて——少尉・中尉が対象——陸軍大学（陸大）を受験し、そこで秀でた者が陸軍の中枢である「省部」（陸軍省、参謀本部）に入る。彼らがやがて要職を占め、軍の指導者となる。

こういう人びとに対し、望んで軍隊に入った人間だから蛮行にも躊躇《ちゅうちょ》しなかったのだ、もともとそういう人間なのだと考えるのはまちがいである。

彼らは身を立てるために軍人になったのであり、そもそも立身の思いはすべての市井《しせい》の人に共通するものだ。

当時、陸士、海兵（海軍兵学校）といった軍の学校に入ることは、社会の上層に向かうひとつのルートだった。おおまかに言うと、戦前・戦中、都市部の自由主義的かつ富裕な家庭の子弟には、尋常小学校（六歳～一二歳）、旧制中学校（一三歳～一七歳）を経て旧制高等学校（一六歳～一九歳）、帝国大学へと進む道があった。

一方、農村の優秀な子弟には、陸士、海兵に進む道があった。とりわけ先々の学資に乏しい家庭なら、教師や周囲もこれらを勧める。学費は国費で賄われる。戦時期には、それらに進むことを本人も周囲も名誉に思う風潮があった。実際にランソン事件関係者の一人は、学校側の勧めで陸士に入っている。

出世の階段を上がろうとするのは、ごくありふれた行いである。

そして人は組織において階級が上がることを望む。それを喜ばない者はむしろ奇特だろう。では、陸士出身者のような職業軍人でない場合はどうか。

召集で陸軍に入ると最初の半年間、二等兵の階級で訓練を受ける。そのあとに「一期検閲」を受けてほとんど全員が一等兵となる。一等兵の上が上等兵で、この上等兵にまでなって除隊すると、周囲の評価は高まり、結婚に有利に働いたともいわれる。さらに精勤することで下士官になることも可能である。もし旧制中学を出ているなど学歴があると、幹部候補生という制度によって兵隊の身分から下士官、将校になる道まで開ける。

生死のかかる場で懸命に努めるのは人間として当然である。そこに将校、下士官、兵の区別などない。

ランソン事件——いや、戦犯全体がそうだろう——はそういう環境に置かれた人びとが関わり、裁かれたものだった。私も事件関係者が受けた命令や裁かれた行為に無縁でないのだと感じる。

「BC級戦犯」とは何か

「戦争犯罪人」の処罰は一九四五年七月のかのポツダム宣言で言及されている。だが、「BC級戦犯」という言葉の意味は、流布しているほどには詳しく知られていない。

A級戦犯は「平和に対する罪」を犯したとされる人びとだ。彼らは侵略戦争の責任を問われた。法廷における禿頭《とくとう》の東条英機の映像を想起する人もいるかもしれない。

A級戦犯容疑者として政府・軍の指導者一〇〇人余りが逮捕され、最終的に東京・市ヶ谷で行われた東京裁判で裁かれた。判決は絞首刑（死刑）七人、終身禁固一六人、禁固二〇年一人、禁固七年一人だった。

『祖国への遺書――戦犯死刑囚の手記』（塩尻公明編）には、戦犯裁判で容疑者もしくは参考人として一万人超が逮捕され、約四二〇〇人が絞首刑あるいは銃殺刑になったとある。そのほとんどをBC級戦犯が占めていた。

BC級戦犯は本来、B級とC級に分かれている。

B級が「固有の戦争犯罪」、あるいは「通例の戦争犯罪」、すなわち戦時における「戦争法規違反」を指すのに対し、C級は「人道に対する罪」、すなわち殺戮《さつりく》その他の非人道行為を行ったとされる。

別の言い方をすると、B級が捕虜虐待、C級が占領地住民（民間人）への加害などにあたる。

両者は起訴内容や犯罪の事実において重なるところが多く、日本では合わせてBC級戦犯とまとめて呼ぶようになった。BC級戦犯はつまるところ、捕虜や民間人への虐待、拷問によって罪に問われた。

実際にサイゴンでの裁判を概観すると、「拷問をともなう不法監禁」がきわめて多く、その他「抵抗不能者に対する暴行」「捕虜に対する虐待」「負傷軍人に対する暴行、戦時略奪」などが散見される。


BC級裁判では軍司令官以下、将校、下士官、兵、さらには軍属（軍隊に所属する民間人）などが訴追された。

裁判はアメリカ、ソビエト、オーストラリア、オランダ、イギリス、中国、フィリピン、フランスの各国が管轄地域で軍事裁判所を設けて行った。国内の横浜をはじめ、外地はシンガポール、香港など（以上イギリス）、マニラ、グアムなど（以上アメリカ）、北京、広東など（以上中国）、バタビア、メダンなど（以上オランダ）、ラバウル、ラブアンなど（以上オーストラリア）、サイゴン（フランス）と、各地で日本人が裁きにあった。

裁かれた人の数でも、弁護で関係した法曹関係者の数でも、BC級戦犯はA級戦犯を大きくしのぐ。それでも東京裁判ほどには知られていない。むしろ忘れられている。

アルファベットの序列から、A級の刑が重くてBC級はそれに比べて軽いと思われているかもしれない。だが右に述べたようにABCは単純に種類の違いに過ぎない。

A級戦犯が国家や軍の枢要にいた少数の高位高官、エリートであるのに対して、BC級戦犯は前述のように階級において幅がある。軍司令官や参謀のような高級将校から下級の将校、下士官、兵までを含む。徴兵制度のあった時代、下級将校、兵は成年男子の多くがなりうるものだった。つまりBC級戦犯は、多くの誰かがなるかもしれないものだった。

ランソン事件も、その重みから考えなければならない。

「刺突」の記憶

捕虜殺害は現代の感覚でいえば不法だ。もちろん許されることではない。

だが現実に過去に行われたのである。一五年ほど前、私は中国、仏印と戦場で青春を送った人から、中国で経験した「刺突《しとつ》」の話を聞いた。

刺突とは文字通り刺して突くことを言う。その人の話では、軍隊における刺突は、銃剣、すなわち歩兵銃の先につけてある短い剣で、敵の捕虜を突くことを指すらしかった。

「五、六人の捕虜を柱にくくりつけて、順番に一〇人くらいで、初年兵の教育だと言って」

その人は捕虜を銃剣で刺し殺すことを命じられた。初年兵に度胸をつけさせる意図があったらしい。教育と称してわが国の軍隊はそういうことをさせていたのだ。

「すぐに穴を掘って死体を埋めさせられました。そこに野営するので、気持ち悪くてなかなか寝られませんでした。ああいうことは、しかし、いけなかった」

その人はぽつり、ぽつりと静かに回顧した。戦後を学究生活に送ったというだけあって、物静かで温和な人柄を感じさせ、思想的にはリベラルなものを抱いているようだった。郷里で訓導（小学校の教師）をしていたが、召集を受けて軍人になり、幹部候補生の制度によって将校になったのだった。

組織にある人の責務

私に捕虜殺害を正当化する気はまったくない。

だがランソンにいた人びとに限らず、軍隊で命令を拒むという選択肢はなかった。命令を拒めば犯罪になるのだから、適法なのは命令を実行することだ。

もし命令の実行者が罪を負うならば、命令者も同じように罪を負うべきだろう。

たいていの人は命令を受ける側にある。私はランソン事件とその裁判をたどることで、戦場にあって命令に従った多くの人びとのことを考えたい。命令を実行することは組織にある人の責務にほかならず、それは時代を超越したものである。

これから彼らとその遺族、そして裁判をともに戦った弁護人をめぐる話を書く。

私は軍隊における命令の重みも、生死を分ける戦場の恐怖も知らない。だからランソン事件は、戦争のもたらす災厄を、その中で生きた人たちのことを理解するよすがになる。

彼らの苦しみは、戦争という非日常の時間に端を発している。だが、裁かれたのは、日本が平和国家への歩みを進めていた日常の時間にあった。

戦後七〇余年、私が見る限り、戦争と人間は紋切り型で語られるようになっている。曰《いわ》く「戦争は悲惨だ」、曰く「二度とごめんだ」、曰く「悪だ」。戦争を批判する。軍人を悪の権化のように扱う。あるいは自己犠牲の鑑《かがみ》と賛美する。いずれもたやすいことだ。

紋切り型は、戦争がもたらすものを直視しまいとしてきたことの証左ではないか。八月一五日を前に大量に戦争にまつわるドラマが年中行事のごとく放送される。それらの多くが、紋切り型に終始している。

私が知りたいのは「家族にも話したことがありませんでした」と言って、ぽつり、ぽつりと刺突を回顧した元将校が語ったような経験の奥底にあるものだ。

あるいは「しんどい」としか言い表せないことの由来を知りたい。

作家の大岡昇平は『野火』で、「戦争を知らない人間は、半分は子供である」と書いた。そこから私が思うのは、戦争を知らずに平和を語るのは簡単だということだ。すべては安易な理想や極論に傾く。そして戦争は、八月一五日ですべて終わったわけでもない。

ランソン事件で刑死――戦犯としての刑死を「法務死」と呼ぶこともある――した人びとが求めたのは、祖国の平和や安寧だった。いま、日本で平和を享受する人が、戦争によってもたらされる苦しみを知らないとしたら、それは無責任なことだ。

戦争に無知な人間は平和にも無知だと思う。
ランソン事件の関係者四人が銃殺刑に処されて七〇余年がたつ。七〇年は人の一生に値する。それでも七〇年に過ぎない。しんどいことはまだ続いている。

引用した資料は読みやすさを考慮して、句読点を補い、旧仮名遣いを現代仮名遣いに改めている場合がある。

忘れられたＢＣ級戦犯　ランソン事件秘録

目次

戦争の本質は非人道である。

『死の宣告と福田義夫』

忘れられたＢＣ級戦犯　ランソン事件秘録

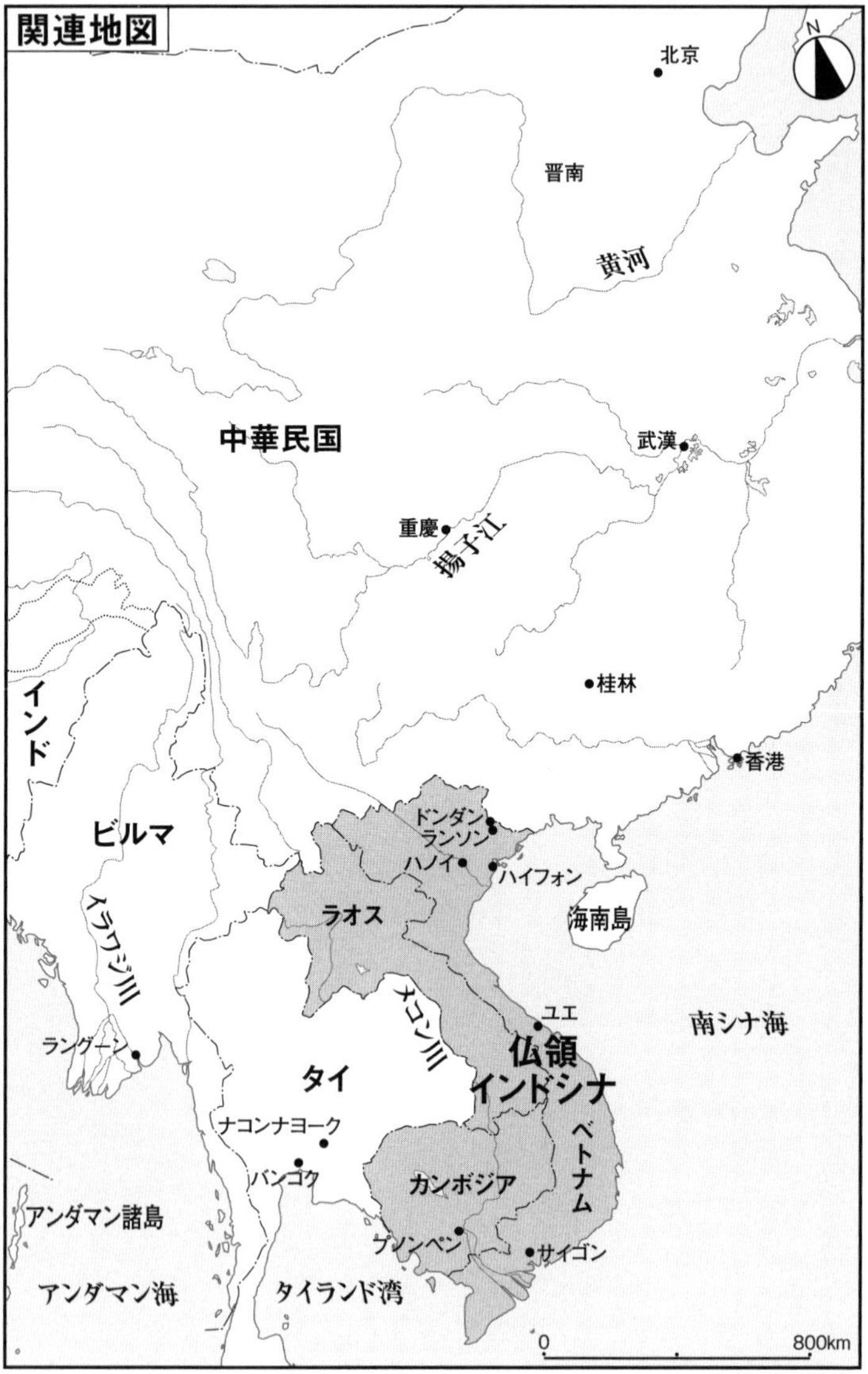
関連地図
N
北京
晋南
黄河
中華民国
武漢
重慶
揚子江
桂林
香港
インド
ビルマ
ドンダン
ランソン
ハノイ
ハイフォン
海南島
ラオス
イラワジ川
メコン川
ユエ
南シナ海
仏領
インドシナ
ラングーン
タイ
ナコンナヨーク
バンコク
カンボジア
ベトナム
アンダマン諸島
プノンペン
サイゴン
アンダマン海
タイランド湾
0
800km

*1945年8月現在

第一章
将兵
国家の意思で行われる戦争と個人の責任

「私は罪になりますか?」
「ならないでしょう」とフランスの将校は、言下に答えた。「しかし、戦犯裁判には報復の意味があるのです。一応、監獄に入ってもらいます。しかし、一週間か十日も入れば釈放ですよ」
「プレオー8《ユイット》の夜明け」(古山高麗雄)

芥川賞作家、古山高麗雄の体験

一九四五年八月一五日、戦争が終わった。仏印には北緯一七度線から南にイギリス軍、北に中国国民党軍が進駐した。南部では九月下旬からイギリスが戦犯容疑者の捜査・逮捕を開始したが、これにフランスは立ち入ることができなかった。

翌年三月下旬、フランスが一般布告を出して独自に戦犯容疑者の逮捕を始めた。この時期、機能を停止していたサイゴン常設軍事裁判所が復活した。戦犯容疑者を収監していた刑務所の管理はイギリスからフランスに切り替わった。

サイゴン常設軍事裁判所は仏印における日本人の軍人と軍属による「不法行為」を裁いた。これをサイゴン裁判と呼ぶ。南方の各地で行われた他の裁判と比べ、その土地の人からの告発はほぼなく、フランスによる告発が主だった。

裁判は「一九四四年八月二十八日＝戦争犯罪取締りに関するオルドナンス（行政命令）」によって行われた。このオルドナンスが対象としたのはアルジェリアやその他の植民地で、仏印には一九四六年一月に適用された。

同年一〇月に始まった裁判は一九五〇年三月二九日まで続いた。裁かれた日本人は二〇〇人超（同じく戦時中に占領されたフランス本国で裁かれたドイツの戦犯は二〇〇〇人超）だった。それは解体された植民地の再支配を目論むフランスにとって欠かせないことだった。

ランソン事件の四人の将校は、このサイゴン裁判の最終盤で法廷に立ち、最後に処刑された人びとなのだった。

サイゴン裁判は芥川賞受賞作の背景になったことがある。

「はじめに」で紹介した作家の古山高麗雄は、ＢＣ級戦犯としてサイゴンの刑務所で過ごした経験をもとに短編を書いた。一九七〇年に芥川賞を受けた「プレオー８の夜明け」である。

古山はラオスの捕虜収容所でフランス人を労役に就かせたことが罪に問われた。起訴状は古山その人を「多数に虐待行為、特に食料の集合的差止め」を行い、「捕虜全体の侮辱者」だと指摘する。「特に残虐にして捕虜を無闇に殴打」したとも述べている。

それに対する古山の弁はどうか。

「殴ったとはいっても、一振り、それも力を入れず、ビンタをとっただけだ」（「プレオー8の夜明け」）。

古山は軍隊で上級者が下級者に私的制裁（リンチ）を加える有り様に嫌悪感を抱いていた。その彼が、敵とはいえむやみに暴力を振るうとは考えにくい。

だが報復の意味合いも濃かった戦犯裁判では、容疑者は一律に悪として描かれる。

戦犯容疑者として一九四六年三月に拘引された古山は、ときに重刑に慄《おのの》きながら日を送り、最後に「捕虜取扱不良、暴行」の罪で翌年四月二二日、禁固八ヵ月の判決を受けた。未決での拘留期間が刑期に加えられ、翌日には釈放された。復員は敗戦から二年と少しがたった同年一一月のことだった。

「プレオー8の夜明け」の読後感は暗いものではない。芥川賞選考委員のひとり、井上靖は「異国における囚人生活を明るく軽快なタッチで描いたもので、気の利いた、しゃれた作品」と評した。たしかに一読して奇妙な明るさが感じられる作品だ。

だがBC級裁判自体が明るいものだったわけではない。容疑を受けた人びとにとって、経験したことのないもので、先行きは非常に不透明かつ暗いものだった。

手錠をかけられてサイゴンの町を歩いた詩人

古山は、あるエッセイで戦犯裁判を「理不尽だと思った」と綴っている。

私は古山と同じように、理不尽な経験をした人に会うことができた。二〇一六年のことだ。その人は詩人でフランス映画の字幕翻訳で知られる山崎剛太郎《やまさきこうたろう》さんである。一九一七年生まれで当時一〇〇歳に近く、サイゴン裁判を経験した唯一の存命者ではないかと思われた。

「フランス語で『戦争犯罪』はどのように言うのでしょうか」と尋ねたところ、即答だった。

「クリミネール・デュ・ラ・ゲールです」

山崎さんは戦犯として刑を受けただけでなく、他の戦犯のために通訳・翻訳にあたった。ランソン事件の弁論要旨――日本人弁護人が裁判所に提出するために日本語で起こしたもの――の翻訳にも関わっている。

戦犯体験にふれた「壁詩」と題した当時の作品の一部を引く。

僕はとほりすぎる
手に鎖をつながれて
だまってゐる石甃の上を
石のやうに固い心をだいて

「僕が手錠をかけられて街を歩くと、若い女がじっと僕を見ていた。そういう詩を書いたんです」

歩いた街はサイゴンだ。街はかつて「東洋の小パリ」と呼ばれ、優雅なところだった。そこを鎖で手をつながれ歩かされたのだ。

山崎さんは詩を刑務所で書きためて持ち帰り、長いときを経て詩集『薔薇の柩』に収めた。

戦犯容疑をかけられたのは一九四五年三月九日の明号作戦のためだ。当時、外務省職員として仏印のユエ（現フエ）の領事館に勤務していた。身分は書記生だった。外務省には高等文官試験を経て入ったのではなく、フランス語を買われてのことだったという。

ユエはフランスの保護国、安南《アンナン》の都だった。皇帝の住まう王城があった。少ないが日本人が居住していた。ハノイとサイゴンを行き来する日本人が訪れることが多かった。

明号作戦の日のことを山崎さんは回想した。

「憲兵隊長が僕のところに来て、『山崎さんはフランス語が上手だから、ちょっと午後一杯、捕まえた二人といっしょにいてやってくれ』と頼まれたんです。何気なしに『そうですか』と。憲兵隊長と僕は個人的に割に仲良くしていたんですよ。それで拳銃をもらって腰につけて午後、フランス人と話をしながら過ごしたわけです」

知り合いの憲兵隊長の頼みで、フランス人二人を監視した。軍事作戦の最中、軍隊の要請は断りようもない。監視とはいえ、厳重な感じではなかった。

「それが後日、『不法監禁された』と。フランス語でセキストラシオン、『不法監禁罪』で訴えられて裁判を受けることになりました」

「憲兵隊長」とは、南方軍第一憲兵隊ユエ分隊の隊長のことだ。ユエ分隊は同地で仏印軍の情報収集、華僑《かきょう》の内偵などを任務としていた。明号作戦では、約一〇〇人のフランス人を逮捕して留置場に入れ、拷問にかけたとされ、降伏後、戦犯容疑に問われた。

京都帝国大学卒業のその隊長はのちにサイゴンで拷問を受け、独房で自決している。

山崎さんによるフランス人の監視も一連の作戦の中にあった。悪事を為《な》そうと意図したわけもなく、持ち場で頼まれたことを引き受け、果たしたまでだった。それが「ユエ憲兵隊事件」の関係者として訴追されることにつながった。

偶然のことで罪を負わされる

降伏後、山崎さんはサイゴンに移った。ユエは中国国民党軍が展開する北緯一六度線以北だったが、イギリス軍の進駐してきた南部に向かい、日本人抑留キャンプに入った。

仏印軍の関係者がキャンプに来た。

「山崎はいるか。ちょっと来い」と言われ、逮捕された。手錠をかけられてサイゴンの町を歩かされた。

ほかにも屈辱的な思い出がある。

「刑務所の見張り番のフランス外人部隊の兵隊が悪質で、フランス語がわかるから僕が生意気な顔をしていると思ったのか、『おいッ、顔を出せッ』と言った。格子の間から顔を出すと、バーンッて殴るんだ」

前述の古山高麗雄も、刑務所でひどく叩かれたことを書いている。

後述するがサイゴン裁判では、裁判に至るまでに「予審」というプロセスがあった。フランス側の予審判事が容疑者を予備的捜査として取り調べ、訴追するかどうかの情報を集める。

「予審というのがあったそうですね」と私が聞くと、山崎さんは記憶していた。

「あったような気がする。『予審』はフランス語で『ジージ・ダ・セレクシオン』と覚えているんだ」

よどみないフランス語だった。戦犯裁判が山崎さんに刻印したものの重みが思われた。

「佛国戦犯概見表」という資料には、山崎さんがフランス人行政官に殴打暴行を加え、裸で留置場に監禁したと書いてある。別の資料では同僚の「咎《とが》むべき行為」を補佐し、フランス人の親子を拳銃で脅迫して縛り上げたとある。また別のフランス人の脇腹を拳銃の台尻で打ち、反日の人物として即時処刑を要求したという。

一九四八年五月、山崎さんはサイゴンで法廷に立った。敗戦から三年近くが経っていた。当時三〇歳。

裁判記録には、山崎さんの法廷での陳述が載っている。

それによると、かねて領事館の上司から、憲兵隊で通訳の必要があれば協力するようにと命じられていた。殴打の嫌疑については、自決した憲兵隊長がいればそうでないことを証明できるのにと述べ、三〇年の人生で一度も人を殴ったことはないと訴えた。

またフランス人の弁護人は山崎さんが軽罪であると主張した。

判決は禁固五年だった。

サイゴンの新聞は裁判所が寛大な判決を下したと書いたが、山崎さんの受け止め方は違った。

「（刑は）重いと思ったね。僕自身に覚えはまったくない。戦犯にはABCとあって、僕はC級だろうけれど、暴行を働いたわけでも何でもない。たまたま軍に頼まれて、二人のフランス人を見張っていた」

偶然のことでも科《とが》を問われ、罪を負わされる。それが戦犯裁判なのだった。

歩兵第二二五連隊

東京・竹橋にある国立公文書館は国の行政に関わる公文書を収集しており、戦犯裁判の資料も所蔵している。

BC級裁判の資料は「オランダ裁判関係」「フィリピン裁判関係」「サイゴン裁判関係」など、管轄した国によって整理されている。

「BC級（フランス裁判関係）サイゴン裁判・第三十九号　ランソン事件」を見ると、人名がほぼ墨塗りにされている。ランソン事件に限らず、国立公文書館での資料公開にあたり、アルバイトの学生が人名と思しき部分を一律に指定したという噂を聞いたことがある。個人情報保護ということだろう。

歴史の襞《ひだ》をなぞるのに不便きわまりないが、商業出版された刊行物や雑誌、私家版の回想録などから情報を得ておけば、墨塗りされた名前もほぼ特定できる。

同資料によると、取り調べを受けたのは合計二三人で、「謀殺共犯」によって起訴され、裁判で死刑判決を受けた四人の将校は次の通り。

歩兵第二二五連隊長・鎮目武治《しずめたけじ》大佐（一八九二年生）
歩兵第二二五連隊・福田義夫大尉（一九一九年生）
歩兵第二二五連隊・早川揮一《はやかわきいち》大尉（一九一八年生）
歩兵第二二七連隊・坂本順次大尉（一九二〇年生）

資料から四人中三人は陸士を出た職業軍人だったとわかる。早川揮一大尉は召集を受けて入隊し、陸軍通信学校を経て将校となっている。

歩兵第二二五連隊の連隊長だった鎮目大佐は一九四五年の事件当時すでに五〇歳を過ぎていたが、そのほかの三人は二〇代半ばと若かった。

戦犯容疑に問われた人たちの階級や年齢を考えるために、陸軍の組織構成について把握しておきたい。おおまかに言うと、最小の単位である分隊に始まり、小隊、中隊と続く。中隊は一〇〇人規模で、中隊長（大尉クラス）が率い、これをひとつの「家族」として捉える考え方だった。三、四の中隊で一つの大隊を構成し、大隊が三つと機関銃中隊などが加わって連隊となる。連隊は通常約二〇〇〇から三〇〇〇人ほどの将兵を擁し、上に立つ連隊長（大佐クラス）は、企業でいえば取締役にあたるといわれる。

連隊より大きな単位は通常三つの歩兵連隊をはじめ、輜重《しちょう》兵連隊、師団通信隊などを従える師団で、これが陸軍の戦略単位である。師団の規模は一万人ほどになる。

大尉は将校だが、下には少尉、中尉がおり、上には少佐、中佐、大佐（以上、佐官）、少将、中将、大将（以上、将官）と続く。部下を多く持つとはいえ大尉を含め、少尉、中尉は下級将校である。

責任を負わされた階級

BC級裁判とは若者にとりわけ犠牲を強いた。その傍証がサイゴン裁判の資料にある。

左は、戦後サイゴンに残留していた軍人・民間人の人数を階級別などでまとめた「収容別、階級別一覧表」（「佛国戦犯資料綴五」所収）から引用したものだ。

将官（大将・中将・少将）二名
佐官（大佐・中佐・少佐）二二名
尉官（大尉・中尉・少尉）四一名
准士官（准尉）一七名
下士官（軍曹・曹長）九一名
兵（兵長・上等兵・一等兵）五名

残留は戦犯裁判ゆえのことだ。人数の多寡からBC級裁判でいかに尉官以下、下級将校と下士官が責任を問われたかがわかる。この事情はサイゴン裁判に限ったことではなく、戦犯裁判全体に広げても変わらない。

東京・九段の靖国神社に偕行《かいこう》文庫という資料室がある。旧軍人などから寄贈された膨大な資料が閲覧に供されている。ここにも戦犯裁判に関する資料がある。

「戦争裁判関係死亡者員数に関する集計表」という資料には、裁判を行った連合国（アメリカ、イギリス、オーストラリア、オランダ、中国、フランス、フィリピン）の国ごとに、刑死者の数が階級別で記されている。陸海軍合計で将官四六人、佐官一〇二人、尉官二二九人、准士官七〇人、下士官二四二人、兵五七人。

最大の割合を占めるのが下士官の三二・四％で、次は尉官で三〇・七％である。

サイゴン裁判の資料と同じく、尉官、下士官の多くが罪に問われていることがわかる。

戦場では大尉以下の尉官クラスの指揮で下士官や兵が動く。彼らは実際に戦い、捕虜や土地の人びとと接点を持つ。作戦は国家の意思であり、彼らはその実行役だ。顔を覚えられるから罪に問われやすかった。

一方、将官クラスは大きな命令を出すものの、現場で直接に手を下すわけではない。

A級裁判と異なり、BC級裁判では、戦闘やそれに関連する行為を問われる。職位が上にある者（将官）ほど、罪に問われにくかった。

明号作戦の渦中で

ランソン事件の背景には、当時の仏印の状況と戦局がある。

仏印は一九世紀にフランスが築いた植民地だ。現在のベトナムは北からトンキン、保護領アンナン、直轄植民地コーチシナに分かれ、ほかにラオス、カンボジアに支配が及んでいた。

仏印と日本は戦時中も友好関係にあった。

一九四〇年五月、ナチス・ドイツがフランスを破ると、親ドイツのヴィシー政府（ペタン政権。フランス中部ヴィシーに政府を置いた）が成立した。ドイツ、イタリアと結んだ三国同盟の関係で、日本はこのヴィシー・フランスの友邦となった。

同年九月、日本軍は北部仏印に進駐した。日本が本国の友邦なら植民地政府は進駐を拒めない。「支那事変」を戦う日本は、英米による中国国民党（蔣介石）への支援を遮断したいと考えていた。物資の輸送は「援蔣ルート」で行われていたが、これが北部仏印も通っていた。その封鎖を目的として進駐したのである。

日本はフランスと仏印の共同防衛に関する議定書を交わし、基地を置き、植民地政府から米《こめ》と通貨ピアストルの提供を受けるようになった。

仏印は南進する日本にとって重要な兵站《へいたん》だった。兵站とは戦場の後方で物資の補給などのために機能するものだ。日本はその安定のために、「静謐《せいひつ》保持」を旨とし、以後も植民地政府による支配を温存した。

そして一九四一年七月、今度は南部仏印に軍を進めた。これが結果的にアメリカの対日石油禁輸などの強硬姿勢を招き、アメリカ、イギリス、オランダとの戦争の引き金になった。

一二月八日、マレー半島奇襲上陸と真珠湾攻撃を行い、亡国の淵に自らを落とす戦いを始めた。

戦時中サイゴンにいた日本人は、仏印を「台風の目」と形容し、南方各地の激戦からほど遠い日常を送ったことを回顧している。豊かな食料があり、平和があった。

戦後に書かれたものには、仏印を兵站としていた事実を取り違え、進駐以来、日本が主権を奪って占領・支配したかのように書くものもある。だが日本はフランスに宣戦布告などしていなかった。仏印に基地は置いたものの、行政権、警察権は相手にあった。

時が流れ、枢軸側の戦況全般が悪化する中で、装った友好関係は破綻に傾く。一九四四年六月、連合軍がフランス・ノルマンディーに上陸。九月、ドゴール将軍のフランス臨時政府がペタン政権に取って代わった。本国の解放を受け、仏印では日本への敵対的な姿勢が露骨になった。

さらに同年一〇月に始まった「比島決戦」、フィリピンにおけるアメリカ軍との戦いに日本軍は敗れた。一九四五年春以降、アメリカ軍がインドシナ半島の東海岸に上陸することが現実味を帯びた。

北部仏印のトンキン湾からアメリカ軍が上陸すると警戒された（実際には仏印は素通りされ、四月一日、米軍は沖縄本島に殺到、予想は裏切られた）。ビルマで日本軍を破ったイギリス軍がいずれタイを経て迫ることも予想された。

こうした連合軍の動きに仏印軍が呼応すると、南方の日本軍は仏印で挟撃される。まずは仏印を解体し、わがものにする必要があった。

そこで一九四五年三月九日に起こしたのが、かねて計画していた仏印武力処理（明号作戦）だった。ランソン事件はその渦中で起こった。

中国大陸から北部仏印へ

明号作戦から六〇年後の二〇〇五年春、私はランソンを訪れた。戦時中の日本軍、日本人の足跡を探して三カ月間、ベトナム全土を歩く中でのことだった。

ランソンは中越戦争（一九七九年）で、中国人民解放軍によって徹底的に破壊されたためか、仏領期を忍ばせる洋館の類は見られなかった。

市中心部から離れたところに突起物のような山々が見えた。保塁や要塞があったと思われるそれらの山はそう高いものでなく、歩いてほどなく頂上に至った。はげ山なので視界が利いた。いつつくられたのかわからないが、崩れ落ちた石積みがあった。

かつて仏印の街並みはフランス人が彼らの好みで整えていたが、ランソンもそうだった。洋館が並び、フランス人が夕涼みにそぞろ歩いていたという。

「街路樹に囲まれ、森の都とでもいうべき美しい眺め」だったことを、攻略に関わった福田義夫大尉が手記中で述べている。

一九四五年、ランソンの人口は二万人余り。中国との国境に近く、軍事的に重要だった。シタデル兵営、キールワ兵営など、仏印軍の兵営があり、兵力は約七〇〇〇人と見積もられていた。

さらに「二つの軍艦の如き格好をした要塞が、中天高くそびえ、辺りを威圧して」いた（同手記）。それぞれワンウィ要塞、ネグリエ要塞と名付けられ、本国のマジノ要塞（ナチス・ドイツに破られた）に比肩する東洋屈指の要塞と言われていた。

明号作戦では、隷下《れいか》に歩兵第二二五連隊、第二二六連隊、第二二七連隊を擁する第三七師団がランソンを含むトンキンを主に担当した。

一九三九年、九州・久留米で編成された同師団は一九四四年四月、北支（中国北部）の山西省――黄河の東岸に位置する晋南――を出発し、「一号作戦」（大陸打通作戦）に従った。アメリカが爆撃機の発進に使う主要基地を攻撃するなど、転戦を続けて歩き通し、仏印に入った。移動中、食糧は徴発《ちょうはつ》――日本軍の発行する軍票により現地で調達する――でまかなった鍋釜を担ぎ、中国人の苦力《クーリー》を引き連れた。

仏印入りは明号作戦も間近の一九四五年一月下旬のことだった。

フランス人にとっての屈辱

大本営はこの頃、仏印の防備を固めるべく兵力の集約を図っていた。

一九四三年から大本営で研究が始まっていた仏印解体が正式に決定されたのは、一九四五年二月一日、小磯國昭首相以下、参謀総長、軍令部総長、外務大臣、陸軍大臣、海軍大臣が出席する第四二回最高戦争指導会議でのことである。


帝国は戦局の推移並に佛印の動向に鑑み、自存自衛の絶対必要に基き、佛印に対し機宜自衛的に武力処理を行う。武力処理発動時期は別に之を定む。

「情勢の変化に応ずる仏印処理に関する件」として決定し、翌日には天皇に上奏された。

同月二六日、第四五回最高戦争指導会議は作戦発動を三月上旬と決め、二八日には大本営（参謀本部）が南方軍総司令官寺内寿一《ひさいち》大将に、三月五日以降の仏印武力処理を命じた。さらに命令は同日、仏印に展開する部隊を束ねる第三八軍（司令官土橋勇逸中将、第二師団、第二一師団、第三七師団などが基幹）に伝えられた。

土橋中将はそれ以前の一月下旬から仏印全土を回って隷下部隊に仏印軍の武装解除を研究させ、各部隊はすでに訓練を行っていた。作戦計画書は奇襲を期して主任参謀が自ら印刷・保管して、連隊長クラスに伝達した。

こうした戦史が示すのは、当然ながら明号作戦もすべての作戦と同じく国家の意思として決まり、周到な準備のもと、命令を受けて末端の将兵が戦ったものだったということである。

明号作戦に先立ち、外交交渉が事前に行われた。一九四五年三月九日一九時、松本俊一仏印特派大使は南部仏印サイゴンの仏印総督官邸で、米と通貨の供与に関する調印式を行った。仏印進駐後、これは例年のことだった。

その後、ジャン・ドクー総督に日本側の要求――仏印軍の武装解除、行政機能、輸送機関を日本の管理下に置くこと——などを示した。

武力を行使しない条件は一応あったが、軍隊や警察権といった主権を奪われることを受け入れるはずもない。要求に対する回答期限は、同日二二時。要求に応じない場合は、仏印全土の日本軍が実力行使に移り、要人逮捕、施設などの接収を行う手はずだった。

そして後刻、これを拒絶する回答が仏印側から入ると、作戦行動開始の命令が下された。作戦をきっかけとした数々の行為——捕虜の殺害、虐待、民間人への暴行、略奪など——で、数多くの将兵、民間人が戦犯容疑をかけられることになるわけだが、最高戦争指導会議はフランス人とその財産などは敵国人のものとして扱わないこと、などを定めていた。それは現地で徹底されなかったようである。


戦争も作戦も国家の意思だ。明号作戦も現地の将兵が勝手に起こしたものではもちろんない。政府、統帥部が命じたものだ。

国家の意思を受けた行為で、個人が犯罪に問われる。そういう不条理が厳然としてあった。

明号作戦は有色人種が白色人種の支配する植民地を崩壊させた。肌の色による差別が当然だった時代において、衝撃的な出来事だった。フランス人には屈辱だった。

屈辱の経験は、日本の降伏後に行われた戦犯裁判にも影を落とすことになる。

第二章

作戦

利発な少年が職業軍人となり、戦犯容疑を受けるまで

あなられし　散り行かむ哉　笑いつつ　国につくせし　吾が身かな

福田義夫大尉

福田義夫大尉の場合

「あたし、もうたまがってね。本当にかわいそうで。着の身着のままで連れて行かれて、高田の警察署に〔逮捕された兄が〕おっとったんですよ。会いに行って別れをしたんやけど、もう本当にたまがって」

二〇一六年八月、私は、ランソン事件で刑死した四人の将校のひとり、福田義夫大尉の妹にあたる方とそのご夫君を、大分県杵築《きつき》市に訪ねた。これはそのときに聞いた言葉である。

声は小さく、訥々《とつとつ》とした弁だった。

「たまがって」という、何度か繰り返された土地の言葉が、強く印象に残った。「魂が消える」という意味だそうである。

何年も戦地にいた兄は、戦争が終わった翌年、帰ってきた。ある日、その兄は突然逮捕され、再び外地へ――。

福田大尉には、遺稿集『死の宣告と福田義夫』（非売品）がある。七〇〇ページを超す大冊で、没後一九年が経った一九七〇年に発行されている。この本を編むにあたり、福田大尉の母が力を尽くし、郷土史家が協力した。福田大尉と近かった戦友も寄稿している。

私が訪ねたのは国東《くにさき》半島の山に抱かれる印象の集落だった。そこに福田大尉の遺族の住まいがあった。復員した実家（西国東郡朝田村俣水）はそこからまた少し離れた、「山を越したところ」にあるとのことだった。

福田大尉の妹である醇子さんとその夫、つまり義弟にあたる方は、福田大尉が戦犯容疑者としてサイゴンに送られた翌年、一九四八年に結婚したという。

私が醇子さんに「やさしい方だったのでしょうね」と福田大尉の面影を尋ねると、醇子さんが「ああ、そうですね」と応じてくれた。

「ちょっと小柄でね。とっても頭が良くて、しゃきしゃきしとったです。あまりケンカもせんしね。とにかく頭がよかったですね、きれとったわね。一番上の兄はとてもやさしくて、ちょっと弱いくらいやさしくて。下の兄（福田大尉）はしゃきっとしとったです」

父は教師として働き、のちに別府市の助役を務めるなどした。地元で声望のある人だったらしい。「頭が良くて」とは、大分師範附属小学校（現大分大学教育学部附属小学校）、県下で随一の大分中学（現県立大分上野丘高校）に学び、陸士へ進んだことからわかる。

「大分の家のすぐ隣が小学校でしてね、庭（校庭）が広いでしょう。あそこで野球をやってね。本当に朗らかに過ごしたんですけれども、まあ、あの……」

声がまた心なしかしぼんだ。

逮捕以降、母の悲嘆は深かった。

「母は〔福田大尉を〕とてもかわいがっとったもんで。遺書をぜんぶ手で書き写してね」

福田大尉の母は、鉛筆で書かれていた日記や遺書を、消えてはいけないとボールペンで上からなぞったのである。それを原稿として遺稿集をつくったのだった。

醇子さんはこんなことも言った。

「たいへんな戦《いくさ》をやってね。人数が少なかって。それを勝って、勝って行ったとかっていう話やったんやけどね」

中国北部から仏印を経てタイまで至った一号作戦のことを兄から聞いたのだろう。

勝っていたはずなのに祖国は降伏し、戦犯にされてしまった。兄を思っての無念が滲《にじ》む回想である。

旧制中学から陸士へ

福田大尉は歩兵第二二五連隊の連隊旗手を務めたことがある。

連隊旗（軍旗）は天皇から親授、つまり授けられる。軍隊ではきわめて神聖視された。戦場にあっては連隊旗手がその連隊旗を下士官二人とともに守った。そういうものを扱う連隊旗手は選ばれし人だった。

「軍旗を守る」という言葉がある。敵に追いつめられたとき、その手に落ちることは恥辱だから何としても避ける。連隊旗を奉焼し、連隊長が自決する。そんな話が戦記などで語られる。

福田大尉は、大分師範附属小学校に在学時、少年野球チームの一員——二番レフト——として県大会優勝を果たした。遺稿集に収められた「思い出の記」では「少年野球の思い出は懐かしい」と、「特別に野球好《ママ》」だったことを綴っている。

大分中学に進学後は試験前になると深夜一時、二時まで勉強に勤《いそ》しんだ。

やがて四年修了（四修）時に陸士を受験した。その時代、卒業まで一年を残した四修の段階で、上級学校を受験できた。

このとき学科試験は通ったが、身長が足りなくて不合格だった。身長を伸ばすために一年間、鉄棒にぶら下がるなどして過ごし、再度受験した。

陸士には東京、仙台、名古屋など計五ヵ所にあった陸軍幼年学校（陸幼）から、あるいは旧制中学から入るルートがある。

狭い世界で軍事エリートを養成したとしてとりわけ批判されがちなのは陸幼、陸士と進んで職業軍人になるルートである。なお、陸幼は中学校一年生修了程度で受験する。

福田大尉のように旧制中学経由で陸士に進むルートもある。応召して軍人になる人びとに比べれば軍隊のエリートであることは変わりない。インドネシアで戦犯容疑者として抑留された今村均大将（旧制新発田中学）、フィリピンで敗戦直後に処刑された本間雅晴中将（旧制佐渡中学）など、このルートで軍の指導的立場に就く者もいた。

福田大尉は一九三七年一二月、陸士に入校した。五四期で同期には宮家の東久邇宮彰常王がいた。陸士では予科で学んでから本科に進むのだが、予科は現在防衛省のある市ヶ谷にあった。軍の学校とはいえ、軍事一色ではない。午前に学科（国語、数学、歴史など）、午後に術科（教練、体操、馬術）を学んだ。演習は代々木練兵場（現代々木公園）、戸山が原（現新宿区戸山公園）などで行われた。野営演習では習志野や宇都宮、富士まで出かけた。

予科を卒業すると士官候補生として部隊に勤務する。次いで本科に進むのだが、福田大尉は一九三八年末に予科を卒業後、第一三師団付に。三カ月を熊本で過ごした。

一九三九年二月、陸士本科入校。校舎は座間にあった。天皇の命名によってここは相武台《そうぶだい》と通称され、小田急小田原線の駅名に名残がある。学科は軍事学がほとんどになった。

本科卒業後は見習士官となって部隊につく。福田大尉は、一九四〇年八月別府駅で歓呼《かんこ》の声に送られて出征した。下関から北支へ。第三七師団歩兵第二二五連隊付として、ここに大陸での軍務が始まった。

大陸を転戦して仏印へ

福田大尉が出征した頃、日本軍は大陸において長期持久の態勢に移行し、占拠地域における残敵掃討、域内の治安粛正や警備のほか、政治、経済、文化にわたるさまざまな策を打っていた。福田大尉は「討伐」「警備」「掃討」といった言葉を数多く使って中国大陸での経験を振り返っているが、ここで将校として指揮をとる基礎を培い、責任のとりかたを学んだ。

以下は、部下とともに自らが負傷したときの福田大尉の回想である。

軍医が「貴方（福田大尉）は入院しないのですか」と問うけれども何此の位と頑張り固辞し続け、部下の患者を全部入院させて私だけ原隊に帰った。

また部下の小隊が全滅の危機に瀕《ひん》した折のこと——。

全滅して居たとしても部下の屍だけは取返さねばならぬ。群がる敵の中に飛び込んで死のう。そうすればせめてもの申し訳が立つと決意し、出発した。

軍務に忠実に、上に立つ者として部下を思うことを自らに課す。与えられた役割をいい加減にはしない。そんな真面目な心根が見える。そして後年、サイゴンの獄中では「お互いに将校だからな」と気概をもって他の将校と語らうことになる。

一九四四年五月、支那派遣軍の一号作戦が始まった。勝利が続き、第三七師団は一一月には景勝地の桂林に至った。大陸を北から南へ縦断した上に、その先の仏印へと南進することになった。いつ、どこで、何をするか。それは下級将校にはわからないことだった。

桂林に達した折のことを、福田大尉はこう振り返っている。

大命のまにまに動くは軍隊の本質であり、躊躇《ちゅうちょ》こそせぬが、北支の涯から此の南の涯迄使われるだけ使われ、またどこかに使われるのかと思うと、意外に思わざるを得なかった。

このたびの目標は仏印らしい。

明けて一九四五年一月の終わり、第三七師団は中国の鎮南関《ちんなんかん》を越えて北部仏印に展開した。

要塞攻略の戦闘

「仏印に入った途端にアスファルトです。リズム感をもってパカパカと〔馬の〕足音が聞こえるんです。『あーッ、やっぱり都会的なところに来たな』と思いました」

私は一号作戦に従った第三七師団の元下士官からこう聞いたことがある。そこには宗主国が持ち込んだ文明があった。

二月、トラックに乗って仏印に入った福田大尉も同じ印象を受けた。

「赤レンガ、クリーム色の洋館建の立ち並ぶ街が異様に目を驚かす」

「田舎者が旅行でもしたような感じを先ず持たされた」

三月、仏印武力処理の作戦計画が歩兵第二二五連隊にもたらされた。

福田大尉の率いる第七中隊はランソン市内のワンウィ要塞攻撃を担うことになった。この要塞は市を俯瞰《ふかん》する。高さ約一〇メートルに及ぶコンクリートの側壁を持ち、その上に砲塔を擁した。大小のトーチカ、無数の銃眼があった。壁も分厚かった。

歩兵第二二五連隊一五〇〇人に対し、仏印軍ランソン守備隊は七〇〇〇人。劣勢は明白だった。仏印軍の中でフランス人は三〇〇人で、ほかは外人部隊、安南兵だった。

ワンウィ要塞攻略に限れば、兵力は日本軍七〇人に対し仏印軍は三〇〇人、一対四である。野戦陣地攻略には、敵の「三倍の兵力を必要とする」と福田大尉は述べている。「全滅を期しても成功するかどうかは確信がなかった」

三月九日、二一時。オレンジ色の信号弾がランソンの夜空に打ち上げられた。行動開始の合図だった。日本軍が得意とする夜襲だ。

事前に仏印全土の日本軍は戦闘に備えており、サイゴンにおける交渉で指定した期限を過ぎれば、即座に攻撃命令が下されることになっていた。歩兵第二二五連隊もランソンで担当箇所の周辺に地下足袋履きで隠密裏に展開、潜伏する形で命令を待っていた。

福田大尉は事前に「しっかり頼む」と連隊長の鎮目武治大佐から激励を受けていたが、その第七中隊によるワンウィ要塞攻略は困難をきわめ、ランソンにおける最大の戦闘になった。

第三七師団参謀の村井利夫少佐は、戦後、ランソンの戦闘を回顧して、予期しない事態はまったくなく、戦う前から敵を圧倒したと書いているが、戦闘の実相は中国におけるそれと異なっていた。仏印軍の近代化された陣地、組織的な戦い方は驚くべきものだった。中国で「匪賊《ひぞく》」と呼んでいた敵と、散発的な戦闘をするのとは事情がまったく違った。

戦場は耳をつんざく銃声、砲声、さまざまな火器の閃光《せんこう》で満たされた。ランソン全体で日本軍は初日だけで五〇〇人超の死傷者を出した。

戦闘は長引き、死傷者が続出した。

ワンウィ要塞では一〇メートル近い梯子《はしご》をトーチカにかけるなどして攻略を図った。一〇日一五時三〇分、敵は白旗を揚げた。ワンウィ要塞が落ちると、他の拠点も一斉に白旗を揚げた。文字通り最後の砦《とりで》だった。

第七中隊の受けた損害は全体の三分の一に達した。

通常、部隊の三分の一が打撃を受けると「全滅」と表現されるという。部隊の機能が失われるからだ。福田大尉の中隊もその意味では全滅だった。最後の一人が失われる――玉砕――が日本軍の全滅であったが……。

歩兵第二二五連隊全体で見ると、五分の三の損害だったとの報告もある。頑強な抵抗を受けたランソンは、明号作戦における激戦地のひとつに違いなかった。

「戦闘行為の延長として」

要塞攻略から明けて三月一一日朝、仏印軍の将校が捕虜代表として福田大尉のもとに来た。家族のいる市内へ帰らせて欲しいということだった。

福田大尉はこれを許した。移動の準備をして、連隊から指示があるまで待つようにと伝えた。

一一時頃、「大隊副官北里中尉」から「連隊の攻撃命令」が伝えられた。この命令が捕虜の殺害につながるものだったと思われる。

福田大尉の回想の該当箇所では、大隊副官――副官とは司令官や隊長に直属して事務の整理・監督にあたる将校――が伝達した「連隊の攻撃命令」の詳細は記されていないが、命令は「一般命令」とは異なる「作戦命令」だったという。作戦命令とは、字の通り軍事作戦上の命令を意味する。戦闘行為の延長として捕虜を殺害せよということだったようだ。

命令に福田大尉は困惑した。躊躇し、部下にすぐには伝えられなかった。すでに捕虜を護送する手配を定めてあった。だが居合わせた他の隊の将校は、命令に従うべきだとの意見だった。

後刻、福田大尉の中隊には、中国との国境の町、ドンダンの攻撃に参加せよと命令があった。歩兵第二二五連隊の一個中隊が攻撃したが失敗し、多数の犠牲者を出しており、すぐに動く必要があった。そこで福田大尉は悲壮な決意で部下に命令した。

戦況は急を告げ、他の作戦任務を第一義とせなければならない時機であった。その戦闘行動が動作に顕《あらわ》れたのは真に止むを得ない一つの大きな流れであったと私は信じる。

後年の手記で福田大尉の言う「動作に顕れた」とは、婉曲《えんきょく》的に殺害を指すらしい。一一日午後、捕虜殺害の準備が終わると、先行きを状況から察した捕虜たちから要望があった。

「国歌（ラ・マルセイエーズ）を歌わせてくれ」ということだった。

福田大尉はこれを許可した。気持ちは乱れた。

「同情心、憐憫《れんびん》の情等がこみ上げてくる。一方此の感情を抑えて、いないな作戦任務遂行のためだ、止むを得ないのだ」

部下たちは「戦闘行為の延長として」命令を実行した。ワンウィ要塞の広場で「戦闘方式による突撃の方法を以てこれを実行」したと伝えられる。それは私が聞いた刺突と同じようなものだったはずだ。

「部隊は佛人捕虜を処断せんとす」

命令は福田大尉だけに下されたわけではない。

同じ日の午前九時頃、市内のシタデル兵営にあった歩兵第二二五連隊第一大隊の大隊長、小寺次郎平少佐にも命令があった。

一　情勢は極めて不穏緊迫し非常事態に直面す
二　部隊は佛人捕虜を処断せんとす
三　第一大隊はシタデル兵営に集結せる捕虜を処断すべし

「二」「三」にある処断とは殺害のことである。「弾丸を使うな」という含みも命令にあったとされる。

このとき小寺少佐は命令を届けに連隊長の副官に「次の行動に移る準備のため」実行できないと応じた。副官はそれを持ち帰り、鎮目連隊長に伝えたが、最終的にシタデル兵営の捕虜は、同日二一時過ぎから、「捕虜収容所の変更」を口実に市内の別の場所（「シリス」というフランス企業の敷地）に移され、殺害された。仏印軍の将校四人は同じ敷地の屋内で殺害された。

小寺少佐の対応が、命令の明確な拒否、すなわち「抗命」だったかどうかはわからない。また小寺少佐の殺害への関与について、「事件当時は留守でなんら関係のない人であった」との福田大尉の回顧もある。

命令中の「非常事態」のひとつに、仏印軍の一部――数千人規模ともいう――が国境を越えて中国の雲南方面に逃走していたことが挙げられる。これを掃討しなければならない。さらに、ランソンは落ちても周辺で抵抗が続いていた。

やがて来るだろうアメリカ軍、イギリス軍に備えるのが次期作戦行動であり、そのような中で大量の捕虜を養う余裕はなかった。

捕虜殺害は福田大尉のいたワンウィ要塞、小寺少佐のいたシタデル兵営のほか、市内の岩山でも行われた。

岩山にいた早川揮一大尉は命令を下士官に実行させた。岩山にはランソンにおける仏印軍の指揮者（ルモニエ少将）がいた。杉松弁護士が著した「運命の第二二五連隊」に引用されたフランス側の資料では「キールワの岩山付近」で斬首したことになっている。

再び資料から殺害の現場を描く。

日本兵達は血の沼の中を右往左往しながらも冷静に掃除をしていた。新しく来た者達は其のベトベトする地面に跪坐《きざ》させられ、鶴嘴《つるはし》や銃剣で殺された。殺戮が済むと下手人達は死体を壕に引摺《ひきず》り込んだ。壕には死体が山積していた。

前にも書いたように、事件が発覚したのは、こうした中で数人が負傷したにとどまり、死に至らなかったからである。

敗戦をバンコクで迎える

明号作戦が終わると、第三七師団はサイゴンを経てカンボジアのプノンペンを抜けてタイに入った。部隊の先頭はマレー半島の東海岸へ進出。ここでビルマ方面から進出してくるイギリス軍と最後の決戦に臨むことになっていた。

八月一四日、いわゆる聖断により日本政府は中立国スイスを通じて、連合国にポツダム宣言の受諾を伝えた。翌日、天皇が国民や将兵に向けて、終戦の詔書を放送した（玉音放送）。

福田大尉はその日をバンコクで迎えた。軍司令部で玉音放送に接し、「力の抜ける様な感が深かった」と記している。夢にも思わなかった敗戦であり、信じきれないことだった。

九月二日、東京湾の戦艦ミズーリで重光葵外相が降伏文書に調印。大日本帝国は敗れた。

復員船に乗るまでの一年弱の間、第三七師団はバンコクから北東約一三〇キロ、ナコンナヨークで過ごした。ここに日本軍が集結していた。歩兵第二二五連隊の連隊旗はここでガソリンをかけられて奉焼された。

抑留中、福田大尉は軍紀と風紀を取り締まる「警視隊長」を務めた。

すでに戦犯逮捕の話が聞こえていた。そのため離隊・逃亡する者がいた。これはタイに限らず起こったことだった。

福田大尉にも現地残留の誘いがあった。残留イコール離隊・逃亡だ。内地に帰れば占領軍の指示で日本の警察が動いていた。ナコンナヨークが最後の逃げる場所だった。

ランソン事件関係者の間では、ナコンナヨークにおいて「戦犯容疑が懸念される者は、内地帰還後すぐに逃亡し、行方をくらますこと」と約束が交わされていたという。

さらに第三七師団参謀部の関係者によれば、内地帰還が近づく一九四六年四月頃、鎮目連隊長の自殺未遂があった。連合軍による逮捕を忌避する意図があったのかもしれない。結局、鎮目連隊長は一部の将校らとともに復員船出港前の検問によりバンコクで逮捕されることになる。

私は、仏印で軍務に就いていた人からこんな話を聞いたことがある。ある下士官が、明号作戦のときにフランス人を斬殺した。降伏後、その下士官は戦犯訴追を恐れて転属（所属部隊を変わること）、南部仏印から北部仏印に移った。変名を使って復員し、生涯そのまま過ごした……。

多くの人が生き残るために必死だった。潔く敵軍の縛に就こうなどとは容易に思えない。同時にこの下士官のように逃亡を完遂した人はごく稀《まれ》だろう。

帰郷から逮捕まで

福田大尉らを乗せた復員船は一九四六年六月、神奈川県の浦賀港に入った。港には菊の御紋を外された駆逐艦が浮かんでいた。

名古屋駅で戦友の将校と挙手の礼を交わして別れた。その光景を、近くの乗客が物珍しそうに眺めていた。そういう行為を忌む空気があった。

家族は福田大尉が育った大分市を離れていた。杵築市街から山間に入った朝田村俣水に向かった。家に着くと、兄が迎え出てきた。手を握り合って無事を喜んだ。

父母は村で帰農していた。福田大尉も種まき、収穫、薪取り、炭焼きなど、これまで無縁だった仕事に勤しんだ。村の道路工事にも奉仕した。「今まで都会に順調に育ってこういう仕事の苦労を知らなかった私にはいい経験であった」と後に回想する日々だった。

土地の人びとは福田大尉にやさしかった。新聞が称えた皇軍は戦後、一転して敗戦の責任を負うべき存在として非難の声が高かった。それが世間の空気だったが、周囲が自分を悪く見ているようには思えなかった。むしろ昔ながらの親切が感じられた。


日本国内での戦犯容疑者をGHQ（General Headquarters：連合国軍最高司令官総司令部）が逮捕し始めていた。のちにGHQの逮捕指令にもとづき、日本の警察が逮捕にあたるようになった。フランスによる戦犯容疑の場合、外地から逮捕の依頼がGHQに入り、それを日本の警察が行った。

戦犯を見る同胞の目は一様に冷たく厳しかったが、同情を示す警察官もいた。

同じくランソン事件の容疑者として鹿児島で逮捕された元将校がいる。この人は復員後、教職にあった。子どもたちを教えている最中に警察官がやって来た。手錠をはめるべきところ、警察官はそうしなかった。そして懇願した。

「どうぞ逃げないでください。先生に逃げられたら、わたしたちは連合軍のとがめを受け、大変なことになります」

戦犯の問題は逮捕する側にとっても苦しいことだった。


「〔福田大尉の復員時〕私はまだ結婚していなかったから、あっちのほう〔復員先の朝田村〕にいて、一年ほどいっしょにおりました。ちょうど一年たった頃、逮捕されたんです」

取材の折、福田大尉の妹の醇子さんはそう話した。

逮捕は一九四七年五月七日。

「あとから聞いたんですけど、役場の宿直の人に電話が入ったらしいんです。その人が〔福田家に〕言おうかなって思ったけれども、やっぱり恐ろしゅうて黙っとって〔後日〕『悪かった』と言っていたと聞きました」

醇子さんによると、電話は福田大尉が村にいるかと尋ねる内容だった。

義弟の佐藤義尚さんは、福田大尉の逮捕後に醇子さんと結婚したから面識はない。しかし醇子さん、義母にあたるアサ子さんを介して福田大尉のことを聞いてきた。

「そのときの警察にしてみたら、『逃げられたらたまらん』という気持ちがあったんでしょう。宿直に電話を入れたのも様子を聞くためで、『家には絶対、言っちゃならん』ちゅうて〔宿直の人が〕口止めされたんじゃよ」

そう佐藤さんは言った。

再び醇子さんの回想。

「朝早く、警察が来たんです。あの頃やから、復員して帰って、仕事なんか、まあちょっとない。近所の川で護岸工事があったんです。遊んどるのも悪いから、夏の暑いとき、毎日出て働きよったんです。くたびれて寝とったのに警察が来て叩き起こして、もうそのまま。食事もなんもせず、着の身着のまま連れて行って。あたしもうたまがってねえ。本当にかわいそうでね」

福田大尉が記すところでは、その日の朝、村の道路を走る車が見えた。ジープだった。四輪駆動のこの車は敗戦とともに日本に入ってきた。占領の象徴だ。それを村で見るとは珍しい。「村の静けさが異様に破られるように感じられた」と手に取ったのは望遠鏡。それでジープのほうを眺めたのだった。

その後、逮捕のため駐在所の巡査が家に来た。

「決して話さないでほしい」

すでにバンコクでの抑留時、歩兵第二二五連隊長の鎮目大佐、第一大隊長の小寺少佐らがイギリス軍によって拘束されていた。イギリス軍は九月半ばにバンコクへ進駐するや、BC級戦犯容疑者の探索を始め、フランスの求めにも応じていたのだった。

日本の新聞は戦犯裁判の動向を日々報じており、福田大尉は小寺少佐の獄中自決を報じる記事も読んでいた。かねて懸念がないわけではなかった。兄だけには話をしていた。兄は陸士五一期。ノモンハン事件に参加して左大腿部に貫通銃創の負傷を負った。同じ軍人の道を歩んだだけに、戦場での経験は話しやすい間柄だったのだろう。そのほかの家族には、事情を話そうとしてのどまで出かかりながらも口に出せなかった。

「戦争のことは、ぜんぜん〔話さなかった〕」と醇子さん。話せばランソンのことまで口にしてしまうかもしれない。そんな恐れがあったのではないか。

義弟の佐藤義尚さんはこう語る。

「ランソン事件は『自分でぜんぶ責任をとる』という気持ちが強かったようですね。義母と私は〔福田大尉の〕当番兵をしていた人に会ったんですが、その人に手紙で『もし俺が捕まったら、あなたは身を隠してくれ、いろいろ聞かれるかもわからないから身を隠してくれ、責任はとるから何も、もし問われるようなことがあっても決して話さないでほしい』と言っていたそうです」

当番兵とは、将校に付き従って食事や洗濯などの世話をする。身近にいるから行動も知っている。だから「話さないでほしい」と依頼したのだろう。

「未知の女性」との文通

逮捕時、福田大尉は三〇歳になろうかというところだった。未婚の復員者である。母のアサ子さんは「結婚させたい」と醇子さんの女学校の親友に話をして、その人が許嫁《いいなずけ》のような存在になっていたらしい。

サイゴンで福田大尉と獄中生活をともにした坂本順次大尉は、「道づれの人びと」と題した手記の中で、福田大尉には婚約者がおり、手紙がよく届き、自分からも手紙を出すべく、フランス側に紙を求めていたことを述べている。

兄の「許嫁」について、醇子さんは「私には真似できない」と話した。その人は死刑執行の直前まで手紙を書き送っていた。

「福田さんの許嫁者は福田さんが死刑と定まってからも依然変ることのない誠心溢《あふ》るる綿々の情を筆にのせて何回と無く彼の心を慰め励して再び合《ママ》える日の事を唯一つの願いとして待っていると言うのである」（坂本大尉）

また、その女性は悲嘆に暮れる福田大尉の母をときどき訪ねては話をしていた。

「そうだろう？」と夫に問われると、醇子さんはこう応じた。

「あの人は立派な人やけん、ちょっと真似ができんわね……あたしと仲が良かってね。戦地に行って戦犯になって『苦労なさっておるじゃろう』と思って、同情心で。本当に感心な人じゃった。もう亡くなったけれど。わたしもそうすればよかったけれど、もう、ひとつもせんかって、後悔しよるんやけれども」

付言しておくと、醇子さんは「ひとつもせんかって」と言ったが、「醇子からも、兄を慰める手紙が届き、どんなに力強く感じた事であろうか」と福田大尉は書いている。

巣鴨プリズンへ

逮捕の日の朝は、駐在所の巡査に待ってもらい、朝食を詰め込んだ。これは妹の醇子さんの記憶とは異なる。

食後、突然のことに言う言葉も見つけられないまま、家族に無言の挨拶をして家を出た。それからときどきうしろを振り返った。

行き先は高田《たかだ》（現豊後高田市《ぶんごたかだ》）の警察署だった。家族が追うように訪ねてきた。福田大尉は「あのときの妹の姿は忘れられない」と、心配げな面持ちだった醇子さんのことを書いている。

醇子さんの回想はこうだった。

「高田の警察署に〔福田大尉は〕おっとったんですよ。次の日に会いに行って別れました。別れをしたんやけどねえ、もう本当にたまがって」

兄を案じる醇子さんの姿は福田大尉の身に迫るように感じられた。福田大尉は妹と、この高田署で今生の別れをした。そして母のアサ子さんも面会に来た。申し訳ないような、すがりたいような思いがこみ上げ、泣いた。

東京までの護送には母も同行し、品川駅で別れた。これが母との最後の時間だった。

巣鴨プリズンは東京・豊島区にあった。一九世紀末に巣鴨拘置所としてつくられ、降伏後はGHQによって接収された。現在は高層ビル「サンシャイン60」が建つ。

戦争を共同謀議したとして訴追された政治と軍事の指導者たち――A級戦犯――を含め、数多くの戦犯が収容された。大臣、閣下と呼ばれた高位の者たちと二〇代そこそこの若者たちがともにあった。死刑となった者は構内で絞首刑にされた。

福田大尉が巣鴨プリズンに入ると、同じランソン事件で逮捕された坂本順次大尉（歩兵第二二七連隊）がおり、二人は隣室になった。

ここで福田大尉は深く責任を負うか、あるいは責任を回避して身の安全を図るか、とるべき態度を決めることを迫られた。そして正義感の強い父に倣い、巧妙に立ち回り、責任逃れはしないと決めた。

命令は上官から受けた。実際に行ったのは部下だ。そう主張はできる。だがいずれの弁明も拒むつもりだった。己の利害を超え、大義を選ぶ思いだった。それが日本精神であり、陸士以来、そのようにする鍛練を積んできたからである。

再びのサイゴン

戦犯容疑を受けてから、神仏の教えに帰依《きえ》する例は珍しくない。福田大尉の実家は浄土真宗だったが、大部屋で過ごす中、クリスチャンとの邂逅《かいこう》をきっかけに洗礼を受けた。

「運命の前途はどこまでも不明であり、不安の気持はどうしても払うことはできなかった」

軍隊でも前途は不明だった。戦場では死ぬことが半ば前提だった。だが目的があった。「国家のために、身命を捧げるのだという、尽忠報国の念に燃え、確乎たる目的があった」

戦犯として死ぬことには何の目的も見いだせなかった。「一個の裸の人間として、死の運命に直面した今、死の恐怖は、物凄きまでに襲いかかってきた」

巣鴨プリズンでは三カ月を過ごした。

一九四七年八月二九日、かつて大陸へ出征するときに使った東京駅を、今度は戦犯容疑者となって出た。東海道線の車中、逃亡しようか、自殺してしまおうかという考えが頭をよぎった。

広島・呉駅の改札では、護送される自分たちを奇異の目で見る人たちがあった。

乗り込んだイギリスの客船は瀬戸内海を出た。豊後水道を通る夜、福田大尉は郷里大分の方向を眺め、父と母に別れの黙禱を捧げた。

九月八日、シンガポールに到着。仏印から連絡船が来るまでチャンギー刑務所に収監された。

一七日、フランス軍の砲艦に乗せられた。倉庫のような船底に過ごしてサイゴンへ向かった。

サイゴンは内陸の町である。南シナ海に面したサンジャック岬（現ブンタウ）からサイゴン川を遡上《そじょう》する。川は大型の船舶が通れる大きさで、両岸に森が広がる。

「いま、川に飛び込んだら、向こう岸に泳ぎつけないだろうか」

「岸に泳ぎつくまでに銃撃されておしまいさ」

そんな話題になった。

九月二四日、船はサイゴンの埠頭《ふとう》に横付けされた。ノンラーと呼ばれる日傘をかぶった物売りの安南人の姿が見えると、福田大尉は「ああ！　とうとう再び仏印に来てしまったな」と言葉を漏らした。

サイゴン港からチーホア刑務所に送られた。それはサイゴンの中心部から郊外に向かう途中、現在のホーチミン市一〇区にある。この刑務所は戦争中の一九四三年に建設が始まった。四階建ての八角形の建物で、これが中央の監視塔を囲む格好になっていた。

もう一つ、市の中心部にはサイゴン中央刑務所があった。傾斜地に建てられた中央刑務所は三階建ての古い建物だった。湿気がひどく悪臭の漂う劣悪な環境だった。おおまかに言うと未決囚はチーホア刑務所に、公判が近くなるか、あるいは既決囚になると中央刑務所に収監されることになっていた。

福田大尉の場合、チーホア刑務所の次にサイゴン中央刑務所、再びチーホア刑務所、そしてサイゴン中央刑務所と起居の場を変えながら最期の日を迎えることになる。

福田大尉はまずチーホア刑務所で巣鴨プリズンで隣室だった坂本大尉と枕を並べて眠り、悩みを共有した。先行きの見通しは暗かった。

サイゴンに来て、裁判の状況を知ったときのことをこう書いている。

「われわれの事件は相当の難物であり、ほとんど絶望状態であることを知ることができた」

捕虜殺害は紛れもない事実だったし、三〇〇余人という規模も大きかった。

福田大尉がサイゴンに到着した頃、中村武という弁護士が弁護人を務めていた。

福田大尉の回想。

（中村弁護士は）私たちの事件にはほとんど、絶望的な観察をされていたようで、事件渦中のわれわれとしては、その客観的事実を、諦観的な気持ちで、受け入れるより以外に、なすすべもなかった。

中村弁護士の見通しは、彼自身の考える道理に基づいており、もちろん悪意などないが、それは戦犯容疑者の心に影を落とすものだった。

虚無感から福田大尉はタバコを無茶苦茶に吸って過ごした。サイゴンにおける獄中生活はこうして始まった。

第三章　運命

歓呼の声で出征し、再びは冷たき目で送られる自分の生命が永遠に民族の血脈の中に、脈々として生きるであろうことを確信する。

坂本順次大尉

坂本順次大尉の場合

「時代が移りいかに豊かに平和になろうとも、戦争の昭和は私どもに深い傷を残しました。（中略）すべてを黙って受け入れて行かねばならないことは、なかなかにしんどいことです」

「はじめに」の冒頭で紹介した手紙の一文だ。これはサイゴン裁判で刑を受けた坂本順次大尉の遺族からのものだった。

坂本大尉も復員後に逮捕されている。所属は歩兵第二二七連隊で、ランソン事件で裁かれた四人中、一人だけ異なる。他の三人は歩兵第二二五連隊だ。所属が違えば命令系統が異なるし、作戦時の行動も異なる。本来なら歩兵第二二五連隊のランソン攻略に加わる立場にはなかった。

かつて「軍隊は運隊だ」という言葉があった。軍人は命令のままに動く。どこへ行くのか、地名を含めて秘匿の意味もあって教えられることは多くなかった。弾に当たって死ぬのも運だし、当たらずに生き延びるのも運に過ぎない。だから「運隊」なのだ。

坂本大尉にも運が働いていた。

大陸を南下する一号作戦従軍時、アメーバ赤痢にかかった。野戦病院に入院したため原隊（歩兵第二二七連隊）を離れた。

退院後、部隊が移動していたら将兵は原隊を追う。これを追及と呼ぶ。坂本大尉は追及して仏印に入り、明号作戦では歩兵第二二五連隊の指揮下に入った。追及の途上にある場合、「通行の人馬は最寄の部隊に属して戦闘する」という規定があった。これに従って歩兵第二二五連隊でランソン攻略に従ったのである。

坂本大尉の原隊は明号作戦で港湾都市ハイフォンなどで戦っている。戦犯容疑の惹起には至っていない。アメーバ赤痢に罹患《りかん》しなければ、坂本大尉は戦犯容疑をかけられることもなかっただろう。

「佛印西貢ニテ戦歿ス」

身近な人が戦犯として遠い異国で処刑されるとは、私の想像には及ばないことである。

手紙には坂本大尉のことについて、こんな風にあった。「何よりつらい出来ごとでしたので家族が口にすることはなかった気がいたします」

「深い傷を残しました」という手紙をもらう前年の二〇一八年春に一度、短い時間だったが遺族に会うことができた。どうしても坂本大尉の墓前に手を合わせたいと思い、訪ねた。その人——坂本大尉の姪《めい》にあたり、復員後、半年ほどともに過ごした——は、挨拶をする私に少しばかり話をしてくれた。

坂本大尉が戦争の終わった翌年の六月のある夜に帰ってきたこと、五〇回忌には各地から訪れる人びとがあったこと、大尉のことを知る人がもう今はほとんどいないこと——。

坂本大尉は独身で生涯を終えている。兄は妻子を持ったが、補充兵として海軍に入り、フィリピンのセブ島で戦没した。弟は現役兵として入営し、ブーゲンビル島で戦没。

その人は、こうも振り返っていた。

「(男子三人全員を失った) 祖父はたいへんだったと思います。私は何も知らなくて。知っていた周囲の方々も、もう亡くなってしまいました」

坂本大尉の墓所を教えてもらって訪ねた。墓石にこのように刻まれていた。

昭和二十六年三月十八日　佛印西貢ニテ戦歿ス　行年　三十二才

戦犯裁判の資料では「刑死」という言葉をよく見る。刑死は裁いた側の言葉だ。「法務死」という言葉が代わりに使われることもある。

私は戦歿《せんぼつ》という言葉を刻んだ遺族の心情を思った。墓のある寺院は里山に囲まれ、田圃《たんぼ》にはタンポポ、シロツメクサなどが咲いていた。坂本大尉が蒸し暑いサイゴンの獄中で、どんなにかここに戻りたいと願ったことかと思われた。

出征まで

歩兵第二二七連隊で坂本大尉の部下だった人に会ったこともある。二〇〇五年頃のことだ。坂本大尉のことを「あの人は本当に軍人だった」と回想し、「フランス人を何人か、斬ってしまったんですよね」と話した。

記録に基づくなら、坂本大尉自身は自分の部下を捕虜殺害を行う部隊に「貸した」。部下だった人はこんな出来事も語ってくれた。

「あるとき（戦地で）私が洞窟を覗《のぞ》いたんです。そうしたら手榴弾か何かが爆発しましてね。『大丈夫かッ』と（坂本大尉が）来てくれました。武人らしいところがありました。あれだけ立派な侍でしたから。とにかくサイゴンでは立派だったと聞いています」

「立派」という言葉を二度使って表現した。

坂本大尉は死刑判決後、大小さまざまなノート一〇冊分の「獄中日誌」を書きつけた。端正な文字は、紙を節約するためかきわめて小さい。

坂本大尉の履歴を、獄中日誌やその他の資料からたどってみたい。

兵庫県の三田《さんだ》（旧貴志村）出身で、一九二〇年（大正九）五月一五日生まれ。父は村会議員を務めるなど土地の有力者だった。

小学校卒業後、私立の三田中学（現三田学園）に学んだ。周辺に県立中学がなく、高等学校、大学につながる学校として三田中学は近隣の若者を集めていた。戦前発行の同校の校友会誌「櫻陵」には卒業生の名簿があり、そこには帝国大学在学者もいる。

「櫻陵」（創立二十五周年記念号）によると、坂本大尉は籠球（バスケットボール）部に所属していた。ある試合の記録には「坂本の見事なガードによって敵に点を与えず」と記されている。

卒業後はいったん大阪で仕事に就いている。陸士受験は、休暇で帰宅した折、三田中学の校長が来宅し、それを勧めたからだという。学校にとって陸士に進む卒業生は名誉なことだった。時代が異なれば、坂本大尉の人生は、勤め人としてのそれになったかもしれない。

坂本大尉は一九三八年一一月二三日、父に付き添われて上京。一二月一日、陸士に入校した。福田義夫大尉の一年後輩で、五五期だった。

同期に宮家の賀陽宮邦寿王《かやのみやくにながおう》がいた。夏季休暇で賀陽宮と過ごす機会を得たが、これは「終生の感激深き思い出であり栄誉」だった。

一九三九年一一月下旬から翌年三月下旬、士官候補生として鹿児島の歩兵第四五連隊で過ごした。予科修了後、一九四〇年四月、陸士本科（座間）へ進んだ。

この年は皇紀二六〇〇年だった。神武天皇即位の年を始まりとする年代の数え方で二六〇〇年にあたり、一〇月二三日には「皇紀二六〇〇年記念祝賀観兵式」が行われ、坂本大尉も参加した。代々木練兵場で、在京部隊の先頭として行進した。

「戦場訓練のような激烈さ」の教育を受け、一九四一年七月に卒業。直前に母が病没した。家族が病気を伏せていたため、死に目には会えなかった。

その後鹿児島に赴き、八月には門司港から大陸に出征した。

アメーバ赤痢に罹患

出征後の同年九月、山西省で歩兵第二二七連隊通信隊付となった。第一線の小隊長を夢見ていたので、これは残念なことだった。一〇月、陸軍少尉に任官した。

一九四三年になると、北支方面軍の教育隊に派遣されることになり、通信隊を離れた。その後、歩兵第二二七連隊第八中隊長を命じられた。歩兵中隊は、第一線の戦闘部隊である。この中隊の部下たちが、戦後、坂本大尉を悼む文集を編むなど、追慕することになる。

「酒と女」は将校の行状について回る話題だが、坂本大尉が接した上官は、酒を飲まず女遊びもせずという謹厳さで、その感化を受け「酒や女に心を迷わすことなく指揮官としての修養に邁《まい》進《しん》」できたという。

中国にいたこの時期に、のちにサイゴンで裁判をともにする早川揮一大尉と出会っている。

ランソン事件に関わる遠因はアメーバ赤痢への罹患と書いたが、「運命の岐路は実はこの時にあった」と手記している。「私がもしあの時病気になっていなかったならば（中略）戦犯となって死刑になるようなことはなかったのであろう」とも。

それはささいな不注意からだった。

一九四四年八月、大陸を南下する途上、武漢で将校の進級を祝う宴会に参加した。普段は生水に注意していたが、宴会が終わると、酒のために咽喉《のど》の渇きが耐えがたくなった。それで井戸の生水を飲んだ。翌朝から激しい腹痛とともに下痢が続いた。血便まで出た。「腸壁の血をしぼるような激しい痛さ」を伴い、一日に六〇回も続いた。

兵站病院を経て、武漢大学に置かれていた陸軍病院に入院した。死んだほうが良いと思えるほどの辛さだった。病名は「細菌性赤痢兼A型パラチブス」だった。

二カ月の入院生活を終えると、内地からの補充兵などを率いて原隊（歩兵第二二七連隊）を追及。仏印に入ってから歩兵第二二五連隊の指揮下に入り、ランソンで明号作戦に参加することになった。

ランソンでの戦闘と「非常命令」

ランソンの戦闘は坂本大尉にとっても苛烈《かれつ》なものだった。

坂本大尉は二つの目標への攻撃を指揮した。

町全体が炎に包まれる最中、軍刀が敵の砲撃に吹き飛ばされ、顔面に傷を負った。当番兵が狙撃を受けて戦死した。食事を自分に持ってこようとしたときに撃たれたのだった。当番兵の雑嚢《ざつのう》には、温かい飯の入った飯盒《はんごう》、温かい茶の入った水筒が残されていた。坂本大尉は亡骸《なきがら》を前に泣いた。

突撃命令を出そうかというときに敵が白旗を揚げ、戦闘が終わった。

投降を受け入れる様子を回顧して坂本大尉が詠んだ歌。

白き顔も喜びの心にくしやこの朝

「心にくし」とは、降伏のありえない日本軍の将校として、敵の行動は理解できなかったことを示す。あるいは敵が投降したがゆえに捕虜殺害、自らの戦犯容疑につながったことを無念に思ったのだろうか。

坂本大尉は「大陸生活の追憶」と題し、中国での戦場経験にはかなりの紙幅を割いて書いている。一方で仏印のことはごく限られている。ランソン事件に関しては詳しく残していない。裁判のため憚《はばか》るところがあったのだろう。

戦闘が終わっても、闇に紛れて脱出した敵が捕虜と図って反撃してくるかもしれない。そんな危機感があった。

歩兵第二二五連隊主力は転進を命じられ、同時にランソンの確保も必要だった。多数の捕虜を養うことなど無理だ。「百方手段を尽くせどもとるべき道の他になく」、鎮目連隊長が「非常命令」を下したのだと坂本大尉は振り返っている。

次の歌は事件に関わると思われる。

皇国の危急に立ちし戦局に　やむなく選ぶ武夫《もののふ》の道　果たせし事も空蟬《うつせみ》の　はかなき命令こ
こに　縲絏の身を如何せん　之ぞ敗軍のつわものの　奇しき運命《さだめ》となりにける

縲絏《るいせつ》とは罪人の意だが、原因となった捕虜殺害の詳細までは書いていない。

処刑が始まってからの光景

「BC級（フランス裁判関係）サイゴン裁判・第三十九号　ランソン事件」から坂本大尉に関わる部分を引くと、まず連隊本部から「捕虜殺害」の命令を受けた別の中隊長（伊牟田《いむた》義敏大尉）が、実行には兵員が不足している旨を主張した。

そこで連隊長の鎮目大佐は「部下の下士官兵をもって援助せよ」と坂本大尉に命じた。部下を別の中隊に貸し出すようにと言われたのである。

裁判資料は、処刑が始まってからの光景を詳述している。

伊牟田中隊、坂本中隊の兵たちは捕虜を取り囲んだ。先に殺した者たちの血で「血の沼」となった場所へ捕虜を入れる。掃射が始まる。その効果が乏しいと判断するや、下士官、兵らは銃剣や軍刀で横たわった者たちに打撃を加える。

掘られた壕に、死体を押し込む者たちもいた。

「瀕死者の喘《あえ》ぎは墓穴掘人夫の持ちうる鉄棒および鶴嘴の打撃にかき消されたり」と記録されている。

坂本大尉の「獄中日誌」には、ランソンでの戦闘に参加したこと、その後に「今回の事件発生あり」と簡単に書かれているのみだ。

四月、坂本大尉は原隊に復帰した。部隊は港湾都市ハイフォンにあった。この時期は祖国の危急を思うばかりだった。米軍からインドシナを守る決意で訓練に励んだ。

五月上旬にはハノイを発って南下、サイゴンへ。メコンデルタを通ってカンボジアのプノンペンに進み、タイをめざした。途中、ポツダム宣言の話も聞いたが、笑い飛ばした。タイでは防御陣地構築にあたり、次いでマレー半島へ南下の命令が下った。

福田大尉もそうであったように、マレー半島ではイギリス軍との戦いに臨むつもりだった。その目前で接したのが「耳を疑う終戦の大詔」だった。「降《くだ》るは武士の恥辱なり」と思っていたものの、承詔必謹、降伏するほかなかった。

雪の降る北支に始まった南下が終わった。

抑留先は福田大尉と同じくナコンナヨークだった。「見渡す限り水鏡」（坂本大尉）の地で、野菜や果物が豊かになっていた。

福田大尉のところでも書いたが、抑留中、軍隊を離れる逃亡が流行した。土地の人びとに婿養子にと望まれてのこともあったらしい。

のちに獄中で「このとき逃げていれば」と、南方の土になると覚悟して離隊・逃亡した将兵のことを思うようになる。

「運命の神の悪戯」に遭遇

復員は一九四六年六月だった。郷里の家族は坂本大尉の復員を諦めていたらしい。

復員後、坂本大尉は老いた父を助け、夫を失った兄嫁らとともに農業に勤しみ、「老父の膝下にあって、農耕にいそしむことに再生の喜びを感じた」

近所の農家の作業も手伝い、米俵を軽々と担いで農協まで運んだりした。人の難儀を見過ごせない心優しい青年。それが周囲の評価だった。

郷里で生活できたのは一年に満たず、一九四七年五月九日、「運命の神の悪戯により」戦犯容疑者として拘禁されることになった。

逃亡もできた。しかししなかった。

逮捕のときのことを小説風に振り返った手記をもとに再現してみる。

最初に駐在所の巡査が家に来た。このとき坂本大尉は不在だった。同じ日の午後遅く、今度は巡査が二人で来た。ここで「C級戦犯容疑者」として拘引されることになった。

地元の三田署から神戸に送られ、「兵庫県警察部刑事課渉外班」に収容された。県警には軍隊時代の部下が勤務していた。それで「ブタ箱というもの」に入らずに済んだ。

五月一四日、訪ねてきた父と面会した。これが今生の別れとなった。

翌日の五月一五日は誕生日だった。この日、巣鴨プリズンに送られ収容された。一市民として生命が死滅したと感じた。

サイゴンに向けて巣鴨プリズンを発ったのは八月三〇日。東京駅のホームに総勢二〇人余りで整列させられた。無念やる方なかった。駅では敗戦による価値観の変転を感じずにはいられなかった。坂本大尉はこう回顧する。

かつては歓呼の声と旗の波で、熱狂して我々を送り出してくれた同じ国民が、その同じ眼で我々をじろじろ白眼視する。

明けて三一日。列車が大阪を出て神戸駅で止まると知人がいないか探した。郷里を身近に感じる最後の機会だった。そして須磨、舞子、明石と過ぎていった。何度も車窓に眺めてきた瀬戸内の風景が、このときばかりは新しく見えた。「これがおそらく見おさめになるだろう」との思いがあった。

同日午後、呉港からイギリス軍の船に乗り、夜半に出港した。祖国との永遠の別れだった。

この道中で一緒だった澤野源六少佐、今津順吉大尉、福田義夫大尉はサイゴンで死刑判決を受けることになる。全員同じ第三七師団関係者だった。

第四章

逃亡

敗戦の祖国で同胞に追われ、故郷を離れる

私は祖国再建なる日までは閻魔大王に地獄の苦練にぶち込んで貰うべく志願する考えである。

早川揮一大尉

早川揮一大尉の場合

二〇一八年四月、大阪を訪ねた。梅田駅から大阪メトロに乗って谷町線都島《みやこじま》駅で下車した。改札には、めざす都島工業高校への出口が案内されていた。階段を上がって地上へ。すぐに校舎が見えた。

校舎の四周を歩くと、マンション、戸建てと取り混ぜた住宅に囲まれていて、近くの公園では桜が咲いていた。

都島工業高校の前身、都島高等工業専門学校（都島工専）は、ランソン事件関係者のひとり、早川揮一大尉の母校だ。早川大尉は死刑となった四人のうち、ただ一人、職業軍人ではない。陸士を経たのではなく、召集を受けて軍人に、そして将校になった。

通常、市井の人が召集されると、階級は二等兵から軍歴が始まることは、前に述べた。早川大尉が応召したとき、支那事変がすでに始まっていた。戦時下、戦場で兵の指揮をとる下級将校が不足した。将校育成の必要から、召集した軍人の中で優秀な者は予備士官学校などで学ばせ、将校にするルートが設けられた。

早川大尉もそこから将校になった一人なのだった。

裁判資料に「都島工専」と学歴が記されている。その時代、多くの人が小学校で学業を終えた。中学校をはじめとした上の学校へと進むことは珍しかった。工専出身は高学歴だった。

獄中生活をともにした坂本順次大尉は、死刑判決を受けた他の三人（鎮目、福田、早川）の人物評をものしている。それによると、早川大尉は大阪の天王寺出身。「家庭はかなりの富豪のごとく云う。父親の社会的地位も相当のものらしい」と記している。

戦後の一時期、実家は兵庫県の田舎にあった。大阪の家宅が戦災を受け、別荘に移っていたという。

福田大尉は早川大尉の兄が東京帝国大学で学んだことを紹介している。

都会の裕福な家に生まれていること、学校を出ていること、応召して軍人になったこと、これらから推測すると、線の細い青年を想像するが、事実はそうではなかったらしい。坂本大尉はこう書く。

「(早川大尉は) 性豪放、弁論熱を帯び、気魄《きはく》の人。酒豪にして義侠心あり」「一見傲岸不遜の態度ある」ものの、「小事に拘泥せず何事も自主的に解決しようとする意志堅固なる人物」なのだった。

福田大尉は、早川大尉を評して、「徹底したところのあるしっかり者」で、「一つの立派な信念と風格を備え、識見には瞠目《どうもく》すべきもの」があるという。早朝に起きて読書し、夜も遅くまで読書する勉強家だった。

元技術者の軍人

都島工業高等学校の卒業生の組織「浪速工業会」に「昭和一〇年代の卒業生に早川揮一という人がいるはずなので、専攻や卒業後の進路 (就職先) などがわかれば教えてほしい」と尋ねたところ、答えがあった。「一九三六年電気科卒業」だった。早川大尉が市井で電気技術者だったと福田大尉が書いた事実と符合する。進路は空欄で、住所は大阪市天王寺区とのことだった。

早川大尉も獄中手記を綴っている。その一部が杉松富士雄弁護士の『死して祖国に生きん』で紹介されており、経歴を記した年譜もある。

一九三九年　朝鮮竜山歩兵第七八連隊、初年兵

一九四〇年　座間、陸軍通信学校生徒、休暇帰郷、天王寺の我が家
一九四一年　三十七師団、歩兵第二二五連隊、通信隊付支那山西省普県城
一九四二年　山西省蒲州城
一九四三年　初年兵受領帰国、天王寺の我が家
一九四四年　山西省河津城
一九四五年　南支、広西省遷江
一九四六年　シャム国、ナコンナヨーク、抑留生活
一九四七年　復員帰国、道場《どうじょう》開拓農場及び京都の我が家
一九四八年　中辻家、遁走生活
一九四九年　東京
一九五〇年　西貢チイホア獄中

卒業から応召まで三年ほどある。その間、電気技術者として働いていたのだろう。召集はふつう本籍地をもとに行われる。東京に本籍があれば東京で編成の部隊に入る。大阪出身にもかかわらず、京城（現ソウル）の竜山（龍山）が編成地の歩兵第七八連隊に入営した理由はわからない。

入隊した歩兵第七八連隊は一九一六年に編成され、満州事変、支那事変に従った。降伏時は激

戦地のひとつ、東部ニューギニアにあった。仮に一九四〇年に陸軍通信学校に入らなかったら、早川大尉は刑場ではなく、戦場で命を落としていたかもしれない。

幹部候補生から将校に

一九四〇年に入学した陸軍通信学校は、神奈川県高座郡大野村（現相模原市）にあった。通信技術を主に学ぶ学校である。最寄り駅は通信学校前（現小田急小田原線相模大野駅）。名前の通り、通信に従事する幹部候補生を育成する。修学期間は約一年。

幹部候補生には甲種（将校）と乙種（下士官）の二種類があった。

概略を述べると、中学校、高等学校卒など、学歴のある者は基本的に推されて試験を受け、通ると甲種幹部候補生、乙種幹部候補生になるというものだった。甲種は将校、乙種は下士官の候補である。

「陸軍通信学校令」によると、同校の幹部候補生は各隊の甲種幹部候補生から派遣された。早川大尉の学歴、専門はもちろん買われただろう。

その後、早川大尉は再び大陸に渡った。所属は歩兵第二二五連隊の通信隊に変わった。この転属がランソン事件への関与につながった。

付け加えておくと、自筆年譜の一九四五年には、「仏印」の文字が見当たらない。仏印は書き遺したくない出来事に関わるからかもしれない。

のちの予審における陳述が杉松弁護士の編著に紹介されているが、それによるとランソンで捕虜殺害が行われた一九四五年三月一一日は、通信隊の将校として、市内の道路を覆う通信線、送電線の整理や補修を主に行っていた。

鎮目大佐に報告に出向いた際、通信隊で監視していた仏印軍のルモニエ少将の処刑命令を受け、早川大尉はこの実行を一下士官に命じた。

この一件が、戦犯容疑を受けるきっかけとなった。

変名の逃亡生活へ

早川大尉も降伏後はタイ・ナコンナヨークで抑留生活を送った。帰国は一九四七年。福田大尉、坂本大尉よりは遅れた帰国で、この年の在所は「道場開拓農場」である。

「道場」とは、現在の神戸市北区道場町を指す。JR福知山線道場駅の近くで、軍隊時代の部下で沖縄出身者数人とともに開墾に勤しんだ。歩兵第二二五連隊には沖縄生まれの者が少なかった。彼ら元部下の生活のために取り組んでいた。

道場は坂本大尉の郷里、三田と近い。軍隊時代は同じ師団でも接点は少なかったが、戦後は偶然に三田の郵便局で再会する機会もあった。

また年譜にある「中辻家」は早川大尉の妹の嫁ぎ先だったようだ。事業を営んでいたらしく、そこでも世話になった。

仕事は「百姓の手伝い、土方、仲仕いろいろのことも人生勉強のつもりで体験した」という。入隊前に電気技術者だったのだから、その方面で定職に就いてよさそうだが、固定した人間関係に身を置くことを避けたのかもしれない。

早川大尉の場合、長兄がまず戦犯容疑で逮捕され、巣鴨プリズンに送られた。獄中で当時を回想した手記「漂流三三年櫻散る迄」には、結婚間もない頃だったことが、家族の言葉を引用する形で語られている。

その際、名前が似ていることを理由に早川大尉も東京まで連行されてしまった。結果的に逮捕には至らなかったが、兄の収監にともなう経験から、早川大尉は身の危険を感じた。

旧知の坂本大尉には人を介して連絡した。しかし坂本大尉の逮捕は防げなかった。

ここに至って早川大尉は逃亡生活に入った。名前を「牧野」と変え、大陸から身寄りなく引き揚げてきた人間を装った。

労働者の街で働く

早川大尉が逃亡生活のために向かった先は東京である。上京は一九四八年九月頃。この時期、すでに福田大尉、坂本大尉はサイゴンに送られている。

身寄りのない引き揚げ者が、仕事を求めて上京することは不思議ではない。東京なら陸軍通信学校で学んだ折に土地勘を得ていたとも推測できる。

早川大尉（牧野）は、獄中手記によると「玉姫《たまひめ》の労働出張所」で職を得た。仕事は労働者に日雇いの仕事を紹介することだった。玉姫は現在の台東区清川のあたりを指す。玉姫には戦前、貧しい人びとのために「公設長屋」がつくられ、職業紹介所が設置されていた。

二〇一六年頃、私は玉姫を訪ねた。都営団地の一隅に「上野公共職業安定所　玉姫労働出張所」があった。早川大尉が働いた労働出張所の後身であろう。逃亡生活もこのあたりで送ったはずだ。簡易宿泊所。ホームレスの人びとが寝る段ボール、公衆電話の受話器を摑んで何ごとかを怒鳴っている人、コインランドリーで構わず半裸になって着替えている人、ゆっくりと走る警察車両……日雇い労働者の街、山谷に接し、〝ドヤ街〟の雰囲気が濃く漂っている。

手記にはこのようにある。

「私は全くこの所長の一片の義気を唯一の頼りとして、一切の旧き今迄の知人関係をすて去って、復員帰国したる満洲育ちの身寄りなき者と、自らの環境を心にきめて東上したのであった」

所長がどんな人だったかは詳《つまび》らかにしていないが、上野駅で下車、そのまま玉姫労働出張所に出向いたようである。所長は初対面にもかかわらず、寝食について取り計らってくれた。早川大尉の「新しい別個の人生行路」が始まった。

玉姫では「軍隊生活さながらの精進」で休みなく働いた。毎晩のように酒を飲んだ。日常で接するのは「一日の汗に二百円から三百円の収入を得て、疲れた身体で、夕方近所に多い居酒屋で一杯立ちのみでひっかけるその事を唯一の楽しみに働いている」人びとだった。彼らの近くで一串二円、五円程度のもつ焼きを食べ、飲んだ。

給料の多くを酒に費やし、食堂の支払いにも事欠くこともあった。それほど飲んでも眠り込むことはなかった。逃亡生活における警戒心があった。

刑事が職場に来て逮捕

一九四八年暮れ、早川大尉は旧知を勤め先に訪ねたところ、そこで逃亡後の実家の様子を聞かされた。母は病身で、警察の捜査で家族や学校時代の友人が迷惑を被っており、上京までの状況も知られているという。家族や関係者にさらなる圧迫が及ぶことは避けられなかった。

急いで実家に戻り、明けて一九四九年、再び玉姫に戻った。春になったら北海道に行って暮らそうと心に決めていた。

三月四日、大阪から出張してきた国警（国家地方警察。旧警察法において国が維持、国家公安委員会が管理した警察組織）の刑事が職場に来た。ついに逮捕された。

このとき初めて職場の仲間に自らのことを伝えた。牧野ではないこと、大阪に家族がいること、戦犯容疑を受けていること――。

翌日、玉姫労働出張所の近所の小料理屋で別れの宴が開かれた。それが許されたのは刑事たちの計らいだった。身の上に同情する人たちの嗚咽《おえつ》が聞こえる宴だった。

終わりに早川大尉は自作の詩を朗読した。「草莽《そうもう》の微臣　異国の縛につき　悠久の大義に命を絶つ」「唯祈る　祖国再建　大和の春を」などと歌った。

車に乗せられた早川大尉に、玉姫の人びとが手や帽子を振った。のちに「復員帰国後はじめて、日本人らしい雰囲気に民族の熱い血潮に抱擁された」と振り返るひとときだった。

巣鴨プリズンからサイゴンに移送

巣鴨プリズンへの収監を経て一九四九年八月一二日、サイゴン行きの船に乗った。復員から三年で、祖国の暮らしが終わった。

船では手錠をかけられたまま、甲板上の船室をあてがわれた。食事はワイン、バター、チーズ、肉、魚、パン、スープ、ケーキと、一通りのフランス料理を供されながらの船旅になった。

神戸港に寄港したときには、朝鮮半島に渡って入営する途上のこと、自分を送る旗の波が思い出された。

サイゴン港では元第二師団長の馬奈木敬信《まなきたかのぶ》中将に出迎えられた。馬奈木はその時点で、サイゴン川の近くにあった日本人抑留キャンプ――現在のホーチミン市四区に位置する――の長だったが、彼自身、サイゴン裁判の当初、明号作戦全般の責任を問われ、釈放後は部下将兵の支援にあたっていた。

早川大尉は車でサイゴン郊外のチーホア刑務所に送られた。歩兵第二二五連隊長の鎮目大佐、福田、坂本の両大尉とは別の部屋で起居し、その後一二月に再会した。

この頃には裁判全体に楽観的な見通しが持たれていた。東西冷戦が激化する中で、フランスが日本に対する姿勢を軟化させていたためだ。

だが早川大尉到着の二ヵ月後、降伏したフランス軍人を殺害したとされる「ハジャン事件」の公判で、関係者の少佐、大尉の二人に死刑判決が下された。

ハジャン事件の内容はランソン事件に似ていたが、殺害した人数は少なかった。それにもかかわらず、判決は死刑となった。関係者一同が受けた衝撃は大きかった。ランソン事件の裁判の先行きは必ずしも明るくなかった。そのような中、年末になって早川大尉の予審が行われた。

予審判事に対して仏印軍ルモニエ少将殺害の件は、「実行役の下士官の名前を記憶していない」「責任は自分一人にある」と述べた。さらにもう一人、植民地政府の理事官殺害についても問われたが、「一切承知しあらず」と退けた。三回目の予審はクリスマスの日だった。

一九五〇年の正月、早川大尉は獄中で東方を遥拝《ようはい》、君が代を斉唱し、天皇陛下万歳を三唱した。

第五章

自決

部下を守ろうとした者、無実を訴えた者

今は死して部下を護る外なし
仏印側の寛大なる処罰を懇願す
一切の責任は私に在り

小寺次郎平少佐

小寺次郎平少佐の場合

二〇二〇年一月、岡山県笠岡市を訪ねた。冬晴れの朝、笠岡駅で人を待った。その人の父親がランソン事件で容疑をかけられ、法廷に立つ前にサイゴンで亡くなっている。

亡くなった人の名前は、小寺次郎平という。

靖国神社偕行文庫所蔵の「歩二二五関係資料綴」の中に、歩兵第二二五連隊本部付だった石田秋吉中尉が、小寺少佐の人柄を短く書き留めたものがある。

「豪傑肌の感じ。然し、作戦等についてはち密な人。身体は小さくとも気力があった。反面頑固なところがあったように思う。責任感の強い反面気むづかしいところもあった」

また福田義夫大尉は、小寺少佐を評して「支那事変当初の勇者であり、戦闘は上手であった。

人格もすぐれており、特に部下を愛することが大であったようである」と書いている。

支那事変の始まりは一九三七年だから、小寺少佐の軍歴は長い。

資料で知りえたことは、事前に子息である小寺次治さんには手紙で伝えていた。

駅から車に乗せてもらい、高台にある家に到着した。立派な門や蔵があった。小寺少佐の父はかつて村長を務めていた。戦後の農地改革までは小作人を抱えており、蔵にはその昔、小作人が収めた米を入れていたという。

室内には、岡山出身で、首相在任中、五・一五事件に斃《たお》れた犬養毅（木堂）の揮毫《きごう》が飾られていた。

次治さんは私の希望に応じて小寺少佐にゆかりのものを用意してくれていた。

「着とった服とかあったと思うけれど、蔵を掃除したときにだいぶ焼いてしもうたんです。『もう戦争があったらイヤだなあ』ということが頭にあったんです」

小寺さんは小さく笑った。次治さんの生年は一九四三年。父である小寺少佐のことは直接には知らないのだった。

ゆかりのものの中に戸籍謄本があった。小寺少佐の生年月日は「大正三年二月二十七日」だった。一九一四年生まれで、敗戦の翌年になくなっている。

「死んだのは三三歳ですから、やっぱり若いときですよね」と小寺さんは言った。

上に六人の姉がいて末子の長男。家を継ぐ存在として将来を期待されていたはずだ。次治さんの母、つまり小寺少佐の妻は戦後、夫がサイゴンで亡くなると、婚家を離れた。次治さんは父の姉に育てられた。

伯母からは、父が私立の金光中学（現金光学園中学・高等学校）に進学したこと、戦争中に仏印にいたことなどを聞く程度で、詳しく教えられる機会はなかった。

往時、金光中学に行くのは主に近在の富裕な家の子弟だったらしい。金光中学卒業は一九三二年。郵便で送られてきたのか、戦友や部下だった人びとが持ち寄ってくれたのか、小寺少佐が写った写真があった。目鼻がくっきりしており、意志の強そうな面持ちだった。外套《がいとう》を着込んだ姿の背景には、漢字が見えるものもあった。

「中国大陸じゃろうと思います。漢字がね。支那服を着て写っていたり」と小寺さん。

「憲兵」と書かれた腕章をつけた記念写真もあった。憲兵は戦後、悪いイメージが流布したが、軍隊ではエリートだった。歩兵など通常の兵科から選ばれた者が進む道だからだ。

また、何かの台上で連隊旗を持つ人の写真もあった。これが若き日の小寺少佐だったとしたら、福田大尉と同じく連隊旗手を務めるほど優秀な人だったのだ。

小寺さんは父のことを調べなかったのだろうか。

「ほとんどなかったですね。こんなこと（ランソン事件）があったとは知らなかったですし。三五年くらい前に、九州からかつての部下が一七人くらい墓参りに来てくれました。私はよそに住んでいましたが、養母に呼ばれて、年上のその人たちにお酒を注いで回った記憶があります」

歩兵第二二五連隊の部下と思われるが、応接したのは養母だったため、どんな人たちであったのかはわからないという。

話を聞かせてもらったあと、外に出た。玄関を出て家の裏手の高台に上ると、墓が並んでいた。

小寺少佐の墓にはこう刻まれていた。

昭和十七年九月十七日　陸軍士官学校卒業
同十九年十二月一日　陸軍少佐任官
昭和二十一年十月三十日　佛印サイゴンニ於テ戦死
行年三十三才

坂本順次大尉は「戦歿」だった。小寺少佐は「戦死」だった。

将校になるまで

第三七師団の元将校がまとめた師団の戦記は『春訪れし大黄河』『夕日は赤しメナム河』の二巻からなる。広汎に資料を集め、隷下の歩兵第二二五連隊、二二六連隊、二二七連隊のことも詳しく書かれている。

明号作戦前後のことは『夕日は赤しメナム河』にあり、そこに付された資料には、一九四四年三月の時点で、小寺少佐は歩兵第二二五連隊第一大隊長として記録されている。

名前の上に「准50」とある。

「准」とは何か。小寺少佐の経歴を示す上で重要であるため、右の戦記の説明を引く。当時を生きた人たちが、戦犯の立場に追い込まれる経緯の一例を示している。

同書によると、「准50」は特別志願将校を意味し、陸士で丁種学生として学んだ者を指す。陸士の期に直すと、五〇期に相当するとのことだ。特別志願将校そのものは予備役将校を対象に募られたらしい。

戦後に発行された『陸軍士官学校』(秋元書房)には、五〇期の陸士予科入校は一九三四年とある。この時点で一七歳だったとすると、生年は一九一七年頃だ。小寺少佐の生年、一九一四年に近いと言えば近いが、正確には合わない。

小寺少佐の経歴は正確には追えない。召集もしくは志願で陸軍に入り、兵隊から将校となる道に進んだのではないか。墓碑にあるように一九四二年に陸士を出たのであれば、その折に帰郷、結婚したのかもしれない。

「探偵局の拷問に抗死す」

資料は小寺少佐のことを自死、自決などと記載している。「憤死」と形容するものもある。

一九四五年三月九日の明号作戦で、小寺少佐は歩兵第二二五連隊第一大隊長としてランソンの戦闘に従った。第一大隊は仏印軍のシタデル兵営を攻撃した。ここにランソン守備隊の司令部があった。仏印軍約二五〇〇人がおり、二一時二五分頃には同兵営から射撃を受けていた。

第一大隊が武力発動の合図となる信号弾を打ち上げ、各部隊が二二時五分過ぎから夜襲にかかった。兵営の城壁を竹梯子で乗り越えて進入し、「混戦乱闘」（第三七師団戦記）の末、一〇日には仏印軍が逃走を始めた。

ランソン市内の戦闘は一〇日夕方に終わった。翌朝九時頃、小寺少佐は鎮目連隊長の発した「捕虜殺害」の命令をシタデル兵営で受け取った。小寺少佐は命令を実行できないと応じ、次いで伊牟田義敏大尉に下された――サイゴン裁判でランソン事件を担当した杉松富士雄弁護士の記録からわかることは以上だ。裁判の資料には鎮目大佐からの命令を三人の大尉が実行したことが記されている。

小寺少佐は降伏後、タイで戦犯容疑者として拘束されるとシンガポール・チャンギー刑務所に送られた。サイゴンのチーホア刑務所に移されたのは一九四六年一〇月。まだ日本人弁護人が不在の時期だった。

そして同月三〇日午前五時頃、独房内で縊死《いし》した。独房の壁には遺言が書かれていた。

十日、十一日に殺したる事実なし
ランソン攻撃に参加せる将兵につき取調べられたし
若山（大丈夫《たけお》）大尉は罪なし。他の中隊長ランソンに在り（中略）
今は死して部下を護る外なし
仏印側の寛大なる処罰を懇願す
一切の責任は私に在り

自決のことは「佛国戦犯裁判資料綴五」と題された裁判資料のまとまりに収められた「自決者調書」に記されている。綴り自体は逮捕された人びとの名前、裁判の状況など、さまざまな文書からなり、手書きもあればタイプされたものもあって膨大な量になる。

別の資料は、洗濯石鹼《せっけん》に「探偵局の拷問に抗死す」と書いてあったとする。探偵局についてはあとで詳しく述べるが、当時、小寺少佐の下の房には、複数の戦犯容疑者がいた。そのうちの一人が残した手記によると、自決の前の晩、小寺少佐は大声で調子外れの軍歌を歌っていた。

「小寺さん、今日はどうかしているな」と彼らは言い合った。

拷問のための独房は二重扉で縦二メートル、横一・五メートルほどの広さで、床には凹凸があった。寝具と便器が置かれていたが、窓も明かりもなく、内部は常に暗闇だった。「暗房」とも呼ばれた。通風がないため蒸し暑さはひどく、四〇度を超したという。

褌《ふんどし》一枚でここに入れられるのだから、それだけで拷問だ。手錠、絶食、蚊責めなどが併用された。

房の暗さは目の前に手をかざしても見えないほどだった。この独房に二〇〇日超を送りながら生還した戦犯容疑者もいたが、稀有《けう》なことだった。

小寺少佐が独房に入れられた経緯までは調書に書かれていない。

取り調べに対する告発

遺言は、戦闘終了後の殺害の事実を否定しつつも全責任は自分にあるとしていた。

小寺少佐の「自決の原因」を資料は次のように説明する。

明号作戦で起こった「大量仏人殺害事件」、すなわちランソン事件に関して、「連隊長の在否不詳」、すなわち行方が知れなかった。小寺少佐は事件に関わった者の中で、先任者――辞書の定義では「先にその任務・地位についている」こと――だった。だから責任を自覚した。また部下の「若山大尉」らが不当な扱いを受けていることは遺憾だった。そこで「死を以て之を解決せん」とした――。

資料の中で、ある関係者が「(小寺少佐は)責任感重大で思いつめるところがあったのではないか。戦犯で収容されて獄中で自殺されたのもそのように感じ」たと述べている。

鎮目大佐もタイで逮捕されているようだから、「在否不詳」が何を指すのかわからないが、小寺少佐は早くから責任について考えていた。福田大尉によると降伏後、歩兵第二二五連隊の将校が集まった際――バンコクにおいてだろう――「ランソンでのことが問題になった場合は、将校が責任を負い、部下の兵たちに累が及ばぬようにするべき」と強く主張していた。

別の資料は「鎮目連隊の小野少佐の如きはチーホア刑務所に入所中、探偵局より呼び出され過酷な拷問のため、石鹸に遺志を彫り記し憤死」したと書いている。

小野少佐が「小寺」の誤記であることは、「鎮目連隊」すなわち歩兵第二二五連隊であることから明白だ。遺言を書きつけたのが壁なのか石鹸なのかは定かでないが、伝えたいことを遺して逝ったことはわかる。それは取り調べに対する告発でもあった。

しかし石鹸はフランス側に押収され、自決はもみ消された。

残留日本軍司令部は自決の当日に遺体を引き取り、司令部近くに仮埋葬した。

遺骨は右手首をもってした。遺留品はチーホア刑務所に入った時点で所持品を没収されていたため、適当なものが少なかった。そのため略帽（戦闘帽）と刀幣《とうはい》（刀の形をしたお金）をそれとしたという。

司令部はサイゴン川に近い抑留キャンプに置かれていた。ここにニッパヤシで屋根を葺《ふ》いた小屋があった。周囲は雑草の生える砂地だったが、その近くに埋葬されたのだろう。

坂本順次大尉は、手記中に戦犯の審理の過程で「日本軍人の自決行為があった」と述べている。

これはおそらく小寺少佐のことを指す。

坂本大尉から見ると、小寺少佐の自決は「民族戦の悲話」だった。坂本大尉の遺稿はところどころ消しゴムで消された跡が残っている。そこには「心なき卑怯者」が拷問に「次々と崩れあえなくも自白していく」なかで、死をもって日本軍人の節を持したとの賛辞が綴られている。

また別の事件関係者は、ランソン事件を担当した杉松弁護士にこう訴えた。

「この事件のために横死した小寺次郎平少佐のこともぜひ書いてほしい。この人こそ、ほんとうに立派にこの事件の精神を貫いたものです」

小寺少佐が貫いた「この事件の精神」とは、上級者が進んで部下をかばう気概のことを指すと思われる。

伊牟田義敏大尉の場合

「実家には、腕組みをした『頼りになるお兄さん』みたいな感じの写真が一枚ありました。もちろん会ったことはなくて、私たちは『戦争で亡くなった伯父さんがいる』というくらいの意識でした」

ランソン事件関係者の一人につながる平澤絵理子さんは私にそう語った。平澤さんはサイゴンの病院で病死した伊牟田義敏大尉の姪にあたる。

「〔伊牟田大尉の妹である〕母は伯父のことを『かわいそうだ』とずっと言っていました。戦争の間、死なずにいたのに、戦犯になって日本にも帰って来れなかった。祖母は『何とか許してもらいたい』と、マッカーサー宛に何度も手紙を書いていたそうです。いま考えたら無駄だということになりますね。嘆願書は管轄が違うから、フランスの方に出さないといけなかった。でも日本の占領軍のトップだということで書いたのでしょう。母は祖母の悲しむ姿を見て同じ気持ちでいたのだと思うんです」

実家には伊牟田大尉がサイゴンで書いた日記があった。

「拷問があったとか、裸にされて犬のまねで四つんばいで歩かされたとか、母から『そんなひどいことをされていた』と聞きました。伯父の日記に書いてあった、と」

亡くなる直前に面会したときの様子を、杉松弁護士が東京の留守宅経由で伊牟田大尉の実家に知らせている。そうした方法で日記も届けられたにちがいない。

「伯父は遺骨も遺髪もなくて、それも母はかわいそうだ、と。とにかくお墓を、と一族の墓地にたてました。だけど空っぽなんです。いつだったか、戦友や部下の方々が来られたようです。慰霊祭をするということで来ていただいたと母が言っていました」

伊牟田大尉は二九歳で亡くなっている。

「伯父の遺書（『世紀の遺書』所収）を読んだら、私も感動するくらいの立派なこと、すごく大人なことを書いていて驚きます。〔二九歳は〕やりたいことをやって人生を謳歌するいちばん楽しい年頃なのに、伯父は運が悪かったんだと感じます。事件につながる場所に居合わせた上に、責任を問われる地位にいた。もっと地位が低ければ、罪に問われることはなかったし、殺されることはなかったんですよね」

「捕虜はもう殺されていた」

伊牟田大尉の郷里は、熊本県菊池市の田島《たしま》というところで、JR熊本駅前からバスに乗って一時間ほどを要する。二〇一九年の暮れに訪ねると、平澤さんの妹の田尻真紀子さんが伊牟田家の墓地へと案内してくれた。

田尻さんも平澤さんと同様に伊牟田大尉のことを直接は知らないが、軍服を実家で見た記憶があると話した。

「伯父は母にとってヒーローみたいな存在でした。母は熊本の護国神社で慰霊祭があると、着物を着て出かけていきました」

護国神社は、国のために殉難した人をまつる神社で、地方における靖国神社といえる。県庁所在地に行くとたいてい目にする。一九三九年、招魂社《しょうこんしゃ》から改称され、現在に続く。

慰霊祭とは歩兵第二二五連隊の関係者が催したものだろう。歩兵連隊は、その地方出身者を兵として成り立つから、郷土部隊とも称された。慰霊祭に出かければ、近隣から集まってきた戦友に遺族は話を聞ける。

前述した平澤さんの母——すなわち伊牟田大尉の妹——が生前、『伊牟田家後年控』と題した本に一族の歴史を編んでいる。

同書を読むと、伊牟田大尉は伊牟田家四九代の嫡男で、跡取りになるべき人だったことがわかる。地元の鹿本中学（現鹿本高校）を卒業して小学校教員になり、応召して大陸に渡った。

職業軍人ではなかった。熊本陸軍予備士官学校を経て将校になった。バンコクで敗戦を迎え、そのまま内地に帰ることなくサイゴンで亡くなった。

伊牟田大尉の墓碑には「昭和二十三年十一月二十一日　サイゴン　クラル（グラール）病院で死去　行年二十九才」とあった。

近くには「陸軍大尉　故伊牟田義敏五十年祭記念碑」もあった。歩兵第二二五連隊の戦友たちが集い、ここで慰霊の機会を持ったのだ。

平澤さんと田尻さんの母も発起人に連なっている。蔵ノ下繁という人の名前がある。この人は歩兵二二五連隊第四中隊長（中尉）で、坂本順次大尉の追悼文集にも関わったり、防衛庁（現防衛省）戦史室にランソンでの戦闘の様子を記録した文書を提供したりしている。

私は碑を見たとき、平澤さんがこんな風に言っていたことを思い出した。

「母から聞いた話では、実家に訪ねて来られた戦友の方たちが、『自分たちの部隊が（捕虜殺害の現場に）行ったときには捕虜はもう殺されていた、自分たちはやっていないんだ』と言っていたそうです。それで母は、兄が冤罪《えんざい》で捕まったと思っていたんです」

裁判資料に記されていること

伊牟田大尉の捕虜殺害との関わりは、坂本大尉のところで引いた国立公文書館所蔵の資料から、おおよそがわかる。

連隊長の鎮目大佐が命令を各中隊に下したとき、伊牟田大尉は仏印軍のシタデル兵営——小寺次郎平少佐もいた——にあった。命令に対し、実行するには兵員が不足していると主張し、これを受けて鎮目大佐は、坂本大尉に伊牟田大尉を援助せよと命じた——。

結局、伊牟田大尉と坂本大尉の中隊の兵隊たちが捕虜を取り囲み、殺害が実行に移された。仏印軍の捕虜で最初の犠牲者は、ローベルという大佐だった。資料では、このローベル大佐殺害に、伊牟田大尉があたったことになっている。

伊牟田大尉の行動をたどる記録はもう一つある。杉松富士雄弁護士が著した「仏印のローベル大佐」(『死して祖国に生きん』所収)だ。

そこには伊牟田大尉が、ローベル大佐の殺害を自ら行おうとしたものの、軍刀を振り下ろすことができなかったと書かれている。何度も振り上げて、途中で止めたのだという。

殺害の現場にいたこと自体が、遺族の聞いていた状況と異なる。

杉松弁護士の書くところでは、ローベル大佐らに「要人らしい最後《ママ》を遂げさせよう」と、別室を用意した。伊牟田大尉自身は、武士の切腹における介錯人《かいしゃくにん》の役割を担おうと考えたという。タバコを与え、その後「自分の心臓部をたたき、片手でつく格好をし、刀を渡すようにして」自決を勧めた。

戦に負けた武士は潔く腹を切って死ぬ。そういう日本的な価値観が作用したのだろう。負けて生き延びることはあり得ない。その考えは敵にも適用されるものだった。

ローベル大佐はこれに応じなかった。

伊牟田大尉は軍刀を振り上げたものの、打ち下ろせなかった。そして部下に命じ、ローベル大佐の胸を突かせた――。

繰り返すが、これは遺族が戦後、把握していたこととの経緯とは異なる。

平澤さんは、神官だった先祖から受け継がれた家風に鑑みて「伯父は武にはやるタイプの人間でないと思っていました」と私に語った。だから殺害の現場にいて、軍刀を振り上げたとする記述に違和感を持ったと言う。

「〔戦友たちの〕話を聞いた母から、伯父はただ事件に巻き込まれてしまったのだと聞かされていました。だから〔杉松弁護士の記述は〕おかしいと思って。これが本当だったら、訪ねて来てお話ししてくださった方たちも違うことを話していたのでしょうか。それはもう母を慮《おもんぱか》ってのことだったのでしょうか」

杉松弁護士より先にサイゴンで弁護にあたった中村武弁護士による手記、『南十字星を仰いで』もランソン事件に詳しく触れている。存命の関係者に配慮したためか、人物は仮名にしている。ただし、名字の一文字は本名からとっているため、推測はできる。

その中で、伊牟田大尉は「伊東大尉」として書かれている。伊東大尉は命令に対して、二回意見具申を試みた。これは「部下兵員の不足を主張」したとする裁判資料とも符合する。

しかし伊東大尉は「明朝シタデル兵営に軍旗と連隊本部がうつされる。それまでに捕虜は一名もあまさず処刑せよ」との厳命を受けたのだった。

軍旗が天皇から親授されるものであることは前述した。神聖視されるものを迎えるのだから捕虜がいてはならない。必ず殺害しなければならない状況に追い込まれたのである。

伊東大尉は軍刀で斬首しようとしたものの、国歌「ラ・マルセイエーズ」を歌う「(ローベル大佐の)立派な態度を前に果たせず部下に命じた。

そして殺害に続く殺害に、伊東大尉は気持ちが悪くなり、現場を去って衛兵所で「毛布をかぶって朝まで寝てしまった」という。

起訴にあたってフランス側が作成した起訴状にはこうした経緯は書かれていない。だが伊牟田大尉の中隊がシタデル兵営での捕虜殺害に関わっていること、ローベル大佐が最初に犠牲になったと書かれている。

責任をめぐって上官と対立

伊牟田大尉の「遺書」の冒頭にこうある。

お母様に
戦犯容疑者として捕らわれました。身体は至極元気です。時の来るのを、時の移りを静かに眺めています。

長男としての責任感からか、母に「不孝の罪を何卒御許し下さい」と詫びている。弟に宛てては「敗戦の原因を徹底して究明せよ。兄の犠牲を無駄にするな」とした上で、以下の記述がある。

上官が云わなければこっちで云ってやる。我々まで罪になるのは馬鹿々々しい。又上官の中には俺は知らぬと云って責任のがれをやる者、血で血を洗うとは真に此の事だろう。かかる人生の一面もある。生きる為には手段を選ばず、強者は弱者の肉を喰ふ。

こんな一文もある。

真実を離れ欺し合って世を渡る者、かかる世相もあり、他面に於ては総ての罪を引受け部隊長は部隊長らしく個人としても日本男子の名に恥じず雄々しく笑って死について行く者、死生を超越せる姿は神に近し。

戦犯裁判では、上官と部下がお互いの責任を指摘し合う構図は珍しくなかった。

作家の古山高麗雄は「将校は兵隊に命令したおぼえはないといい、兵隊は将校の命令に従った、といいはって共倒れになる」(「元伍長より軍曹どのへ」)と、戦犯裁判を評している。

将校を「上官」に、兵隊を「部下」に置き換えるとわかりやすい。

伊牟田大尉の手紙は、上官と部下の間で責任に関して意見の不一致や争いがあったことを暗示する。福田大尉も「統一した団結をもって公判に臨むことはできなかった」と振り返っている。

伊牟田大尉はそうした実情を隠すところなく言っている。

「我々まで罪になるのは馬鹿々々しい」とは、より上級の将校、具体的には佐官クラスの参謀、将官クラスの師団長、軍司令官といった軍人が責任を逃れたことへの不満と批判だろう。

「人は信ずべし、然し頼りにすべからず」

「終戦時の状態、特に戦犯容疑者として収容せらるるに及び人間の最も美しき所と、醜悪な両者を見せられた」

遺書はこのようにあきらめと怒りを織り込んで綴られている。

それぞれが他者への不満を少なからず抱いていた。それは綴ったものの中に、人物評のかたちをとるなどして書かれている。

たとえば福田大尉は、死刑が確定してからの日記に「今さら内情を暴露しても致し方ないこと」だと断りながら他の関係者のことを書いている。だがこれは私家版の遺稿集を編集する際には削除されている。遺族が周囲を慮ったのだろう。


「嘘の世界に生きのびたくない」


伊牟田大尉の最期は、杉松弁護士から遺族が受け取った手紙（『伊牟田家後年控』所収）が物語っている。

サイゴン市内のグラール病院に伊牟田大尉を杉松弁護士が訪ねると、シロップを欲しがった。取り寄せたものを匙《さじ》から飲ませると「甘い」と言って飲んだ。

この訪問の翌日——一九四八年一一月二一日——午前四時三〇分に亡くなった。死因は「胸部疾患にアメーバ赤痢を併発」したことにある。二九歳だった。

その日は、日曜日だった。チーホア刑務所に収監されていた戦犯容疑者のひとりで、同じ歩兵第二二五連隊だった暁豊俊大尉が、当日のことを書き残している（『死線の記録　歩兵第二二五連隊第十中隊戦史』所収「獄中記」)。

それによると、残された者たちが整理した伊牟田大尉の遺品の中にこんな文章があった。

この世界は真実一路では生きてゆけない……嘘が真に勝つ世界である……私は嘘の世界に生きのびたくない。神の世界に生きたい……

自作の短歌もあった。

「慰めよ　慰めまつれ　四季のバラ　母の好みの花を開きて」

彼らは夜に祈りを捧げた。そしてブリッジ、碁、マージャンに強かった伊牟田大尉の思い出話を語り合った。

伊牟田大尉のことを書き残したこの暁大尉も明号作戦に従い、ランソン近くのドンダン要塞――福田大尉が攻略を助けよと命ぜられた――での戦闘に参加した。復員後に逮捕され、サイゴンへと送られた。ランソン事件の関係者として同情も深かった。遺族によると、暁大尉は九三歳で亡くなった。サイゴンの監獄で文字を書きつけたタバコの巻き紙など、戦争の記憶にまつわるものを保管し、没後も残すように家族に伝えていたという。

連隊長・鎮目武治大佐の素顔

「落着きのある武人と云う感じ」

「酒は割に好きで少しずつ呑まれたようです」

「（バナナを熟させて酒をつくって）人にやるのを楽しみにしておられました」

「歩二二五関係資料綴」において、部下が鎮目大佐の人物を書いたものがある。頑丈な体格だったことを、坂本大尉が遺稿で述べている。子どもが二人いた。

第三七師団の戦記は、その雰囲気をこう書いている。「肩を張らない、温厚で気さくな田舎の村長さん」——。

この人物像と捕虜殺害の決断との間には大きな懸隔がある。

裁判資料によると、鎮目大佐は一八九二年五月二日、奈良県生まれ。陸士二七期で、一九四五年八月時点で五三歳。

『陸軍士官学校』（秋元書房）所収の期別の「出身者一覧」で二七期を見ると、「鎮目」の名字は見当たらないが、歩兵科に「村尾武治」という名前がある。歩兵科出身で歩兵連隊の長になるのは自然だ。この人がのちの鎮目大佐だと思われる。結婚で養子に入るなどしたのかもしれない。

兄も職業軍人で、福田大尉によると「村尾中佐」が大分師範学校の配属将校だった。

陸士二七期の歩兵科には辰巳榮一と東宮鐵男《とうみやかねお》がいる。

辰巳はイギリス駐在武官を二度務め、戦後は吉田茂の軍事顧問となった。東宮は大陸で、張作霖爆殺（一九二八年）に関わった。この二人が二七期の歩兵科では名が知られている。

付け加えると、サイゴンでの裁判を長く支えた馬奈木敬信中将は一期下の二八期である。馬奈木は国家革新をめざして中堅将校が集った「桜会」に名を連ねた。一九三一年、その桜会はクーデター未遂（三月事件）を起こしている。

鎮目大佐は、右に挙げた人びとのように出世の道を歩んだり、政治に関わろうとしたりするような将校でなかった。

二七期は入校が一九一三年一二月。翌年には第一次世界大戦が起こっている。

一九一八年に第一次世界大戦が終わると、平和を求めるムードが高まった。大正時代のデモクラシー尊重は軍隊にも及んだ。一九二五年には陸軍の四個師団廃止、いわゆる「宇垣軍縮」が行われた。この時期は軍人が肩身の狭い思いをせねばならず、軍服を着て町中に出ることが憚られた。軍靴の拍車が電車の中で邪魔扱いされたなどという逸話も残る。

一九一五年の陸士卒業後は歩兵第六一連隊（和歌山）に勤務し、小隊長、中隊長を務め、その後、一九三三年に大陸に渡った。

同年、関東軍独立守備歩兵第五大隊、同第一六大隊付として満州事変に参加。満鉄（南満州鉄道）の沿線警備にあたった。次いで第四師団などを経て、一九四〇年関東軍司令部付となり、満州国軍の軍事顧問を務めた。

満州国軍の創設は満州国建国と同じ一九三二年である。陸大出身者や在満州陸軍部隊の将校などから選ばれた軍事顧問の中には、鎮目大佐の同期、東宮鐵男の名前も見える（『秘史　満州国軍』小澤親光）。

一九三九年五月に始まった「ノモンハン事件」にも出動した。軍歴は、日本が大陸に進出してソ連と対峙する時代に重なっている。

一九四三年八月、鎮目大佐は歩兵第二二五連隊長となった。一号作戦開始の半年ほど前である。一号作戦中、二度の「感状」を受けた。感状とは、戦場における部隊、個人の勲功に対して、軍司令官や師団長が与える表彰状をいう。かつて武将が部下を讃えた賞状に由来し、これを得ることは軍人の大きな名誉だった。

一九四四年六月、歩兵第二二五連隊が受けた感状には「連隊長の戦機の捕捉適切なりしのみならず、豪毅不屈所信を断行したる」ことなどが述べられ、「其の功績正に抜群なりと認む」（感状を結ぶ定型句）と書かれていた。


北支を出発して約一一カ月、歩兵第二二五連隊が仏印支国境を越えてランソンに入ったのは一九四五年二月初旬。移動距離は約七〇〇〇キロに及んでいた。連隊は兵力の休養に努めたのち、作戦準備に入り、敵情や地形を調査した。ランソンをはじめ、中国との国境に位置するドンダン、カオバンの三要塞を攻めることになっていた。

前述の『夕日は赤しメナム河』によると、三月七日、鎮目大佐を囲んで歩兵第二二五連隊の作戦会議が開かれた。席上、鎮目大佐は「一夜の急襲で、この堅塁を抜く」と方針を示し、こう述べた。

「死力を尽くして、当面の攻撃を、是が非でも成功させねばならない。各隊は、必殺を期して突入し、保塁を占領し、もって最後の勝利を期せんことを、ここで誓いたい」

三月九日の夜、ランソンでは日本軍がフランス側の要人——仏印軍の連隊長など——を招待し、大華酒店（ホテル）で晩餐会が開かれていた。

鎮目大佐は晩餐会の主催者だったが、これを欠席したことになっている。

日本軍の憲兵隊がその場でフランス側の要人を拘束する狙いだった。こうした策謀は他の場所でも行われた。

「作戦開始当日、会食又は懇談の形式で要人を招待しておき、外交交渉決裂の報に接した場合は我が方の作戦目的及要人逮捕の趣旨を宣言して実行」するのが良いとの意見が、第三七師団の会議で出ていた。軍民の要人拘束は戦闘を有利にするし、晩餐会自体が作戦行動の秘匿にもなるという考えだった。

その夜、ランソン憲兵分隊の隊員五人が別室から晩餐会の場に現れ、拳銃を突きつけながら要人を自動車に乗せて連れ去り、鎮目連隊長のもとへと引き渡した。憲兵隊関係者の手記によると、それは八時過ぎのことだった。

晩餐会の主催者は鎮目大佐だった点だが、これは本人がはかりごとをしたのではなく、第三七師団の決定事項だろう。とはいえ裁判において、晩餐会はだまし討ちの悪印象を招くものでしかなかった。また欠席の事実は、起訴に際してフランス側をして「留意すべき」ことであると述べさせることにつながった。

第六章

弁護

薄給を覚悟して外地に渡った法律家

戦犯の問題のおこるとき、たとえば参謀の命令または意見によって隷下部隊長が捕虜を処分したりする場合に、司令官または師団長、参謀、部隊長の責任の分担、または帰属がどうなるかいつも争いになる。

中村武弁護士

捕虜殺害の命令はどこから出されたか

ランソンにおける捕虜殺害は、歩兵第二二五連隊の命令として下され、実行に移されたことになっている。だが、それは必ずしも鎮目武治連隊長――一切の責任は命令者である自分にあると主張していたという――一人の責任であることを意味しない。

二〇一〇年に刊行された『「BC級裁判」を読む』（半藤一利、秦郁彦、保阪正康、井上亮による共著）では、ランソン事件に関し、独断ではない可能性が指摘されている。

半藤　これだけ大量の殺人をするんだから（上層部に）報告しますよ。下のほうだけでやるはずがない。

秦　事後報告なのか、直前に「こうしたいと思う」という連絡をして、「善処せよ」と。

歩兵第二二五連隊の場合、報告する先は第三七師団である。

裁判関係者の著作にも、鎮目大佐の独断ではないと示唆するものがある。

前に述べた、サイゴン裁判における日本人弁護人の一人、中村武弁護士の手記『南十字星を仰いで』がそれだ。同書の「参謀の責任」という一章に「村上参謀少佐」の陳情書が紹介されている。

　村上少佐は一九四四年末陸軍大学校を卒業し第三七師団参謀として赴任、「ランソン」事件十日前に着任したる者なり。彼は小胆内気にして、経験に乏しく年齢若くかつ年齢の懸隔大にして、階級上官にして相貌偉魁なる静間大佐に圧倒せられ、俘虜殺害の命令を阻止し得ざりしものなり。

陳情書は「村上少佐」に責任はないことを述べるために、彼が若輩かつ小心ゆえに「静間大佐」に圧倒されて、殺害の命令を止められなかったと主張している。

手記は変名にしているが、「静間大佐」は鎮目大佐で、「村上少佐」は第三七師団参謀の村井利夫少佐のことだと推測できる。

中村弁護士は、陳情書——おそらく裁判所に提出された——において村上少佐が「小胆内気」であると形容がなされていることについて、それが「村上少佐を強いて救い、静間大佐を殺そうとする議論であるとともに日本軍の当時の実情にそわない」と論じている。

それでは「日本軍の当時の実情」とはどんなものだったかを記す前に、参謀について確認しておく。

辞書は参謀を「高級指揮官の幕僚として、軍の作戦・用兵などの一切を計画して指揮官を補佐する将校」と説明する。職務は指揮官の補佐であり、部隊を指揮する権能は持たない。

だが中村弁護士が書いたように「日本軍の当時の実情」は異なる。しばしば立場は逆転し、参謀が上で、指揮官である戦闘部隊の長は下になっていた。

その点を中村弁護士はランソン事件に則して述べている。

> 村上少佐が老年たる上官静間大佐に圧倒されたというが、参謀は官等階級こそ下でも、仕事の上では師団長の代理としてみられる者だ。けっして下官ではない。年齢の差とか相貌偉魁だからして圧倒されたり、遠慮する参謀はありはしない。部隊長が年若い階級の下な《ママ》参謀に貴様と呼ばれたり、馬鹿呼ばわりされたりすることは珍しくない。

軍隊における下克上の雰囲気

大東亜戦争に至る中で、日本軍には中堅将校が老境の上層部をロボット扱いする下克上の雰囲気があった。エリートにとって前線の将兵など駒扱いして当然だった。陸大で学んだエリート参謀が戦場の指揮官を上回った事例はさまざまな記録に見られる。若輩の参謀が年長者の指揮官の頭越しに権能を振るう、前線の戦闘部隊の長を司令官の委任状をもって圧する、陸士のはるか先輩である師団長を、後輩の参謀が命令して動かす——。

たとえばビルマ（ミャンマー）から峻険を越えてイギリス軍の根拠地をめざしたインパール作戦では、第一五軍の軍司令官・牟《む》田口《たぐち》廉也《れんや》中将が、隷下の第三三師団の師団長・柳田元三中将を差し置いて、師団長の部下である参謀長に前線で指揮をさせた。その後、柳田中将は師団長の職務を解かれた。更迭である。

憲兵隊においても似たような話がある。参謀が勝手に「軍命令」などと称し、捕らえた人物の処刑を実行させるのだ。本来なら、憲兵が所属上の上級者から正式な命令を受けなければいけないところを、一足飛びに行わせる。あるいは「しかるべく処置せよ」などと言って、責任の所在をあいまいにしつつ、まさに処置させる。

たとえば辻政信参謀——戦後は参議院議員となり、ラオスで消息を絶つ——は、ノモンハン事件、シンガポール攻略、ガダルカナル島の戦いなどで、独断の軍司令官命令を出した逸話を残している。

「私物命令」というものもあった。正式な命令ではないものが、命令として示され、扱われた。

中村弁護士はこうも書く。

師団長が捕虜の処分についてどういう意図であったか、村上参謀が師団派遣参謀としてどの程度の意見を静間連隊長に与えたか、村上少佐は独断専行にいでたか否かを究明せねばならぬ。（中略）そうした後、当時の日本軍の実際に従う参謀の地位を述べ、むしろ一身を賭してでも部隊長以下の責任を軽減すべきである。

これは歩兵第二二五連隊の上にある第三七師団、具体的には師団長と参謀の責任を問うているのだ。

だが裁判資料を見る限り、捕虜殺害の命令は鎮目大佐から出されている。

「戦争状態を契機とし、または口実として、しかるにこの事態に乗じて戦争の法規、慣例を犯し、職権を乱用して、坂本、福田、および早川大尉たちに指示を与え（中略）謀殺を犯させた」

のちに法廷では裁判長がそう読み上げたのである。

多くの隊員がサイゴンの法廷に立った南方軍第一憲兵隊の隊史、『南方軍第一憲兵隊史』では、裁判長と参謀の示唆的なやりとりが傍聴記録として紹介されている。

裁判長は大意、次のように尋ねる。

「日本軍では部下の行動に関する責任はすべて上官にあるのか。たとえば留置場の監視兵が虐待をした場合、監視長のみが責任を負うのか。また、その長の知らない間に逮捕したり留置したりした場合は、誰の責任なのか。そのような場合、日本軍ではどんな処罰をするのがしきたりだったのか」

この問いに参謀はこう回答する。

「道義的な責任は長にあるが、刑事的責任はないと思う。従って行政上の処罰は受けるが、刑事責任を問われることはない」

責任を道義と刑事に分けた巧妙な回答と言えるだろう。このやりとり自体は憲兵隊の事件でのものだが、ここから責任に対する参謀の捉え方が読み取れる。明確な命令がないようなケースでは特に、責任は現場の将兵にあると考えていたことはまちがいない。

中村武弁護士の場合

「父が亡くなったとき、訃報が新聞に出ました。葬儀で喪主として立っていた私のところへ来て、『お父さんに命を救われました』と仰る方がいらっしゃいました」

中村弁護士の遺族、中村一行さんがそんな逸話を紹介してくれた。

ランソン事件を調べ始めた頃、私は日本人弁護人は杉松富士雄弁護士一人だと思っていたが、資料を漁るうちに、杉松弁護士の前任として中村弁護士がおり、この人がシンガポールからサイゴンに来て弁護にあたっていたことがわかったのである。

中村弁護士は戦時中、日本の信託統治領だったパラオ——中心のコロール島、激戦地となったペリリュー島、アンガウル島などからなる——で南洋庁の高等法院長を務めていた。

日本は第一次大戦後、ドイツ領だった南洋諸島（マリアナ、パラオ、カロリン、マーシャル）について、国際連盟から統治を委任された。南洋庁はそのために置かれた機関である。高等法院はコロール島に置かれていた。

一九四四年、形勢が危うくなるや、高等法院長に対して、勤務する者たちも戦闘訓練に加わるようにとコロール島守備隊司令官から話があった。これを高等法院長として拒み、関係者全員を海軍の飛行艇に乗せて全員内地に帰還させたという。

一行さんは父から戦犯弁護のことも聞いていた。

「語学がとても好きで、ドイツ語、英語、フランス語、イタリア語など四カ国語くらいできたのかな。戦犯弁護で南方に行ったとき、ほかの日本人の弁護士はそんなに語学が堪能ではなかったけれども、自分は語学ができた。『裁判長、異議あり！』と言えたのは、自分しかいなかったとよく話していました」

一八九二年（明治二五）生まれの中村弁護士は、ドイツ留学、南洋庁高等法院長というエリート然とした経歴からは意外だが、実家の没落から苦学力行してはい上がった人である。新聞配達をした、上野駅で豆を売った、屋台を引っ張ってうどんも売った——そんな話もしていた。事業に失敗した父に連れられ、朝鮮半島へ渡り、総督府に給仕として勤めていた。「仕えた人が東大卒の官吏で、まさに上から目線。『給仕、茶を持って来い』と言われたとか。それで負けるまいと思って、自分も高等試験を受けようと思ったそうです」（一行さん）

その後、東京の夜間中学に学び、中央大学専門部（夜間）で法律を修めた。判事となったのは一九二〇年のこと。このほか学歴としては、東京外国語学校（現東京外国語大学）ドイツ語専修科で学んだ。一九二一年に渡欧し、ドイツ・ライプチヒ大学に留学している。三年ほどの滞在で、その間フランス、イギリスにも渡った。

弁護士登録は一九四四年三月のパラオ空襲後の同年九月。官職を辞してからのことだった。

戦争の後始末

敗戦後、BC級裁判が始まると、日本から弁護人を外地に派遣する体制が整えられた。GHQが弁護人の採用を決定し、終戦連絡事務局（占領軍と日本政府の連絡機関）を経て法務省調整局が各弁護士に委嘱を発令し、彼らに手当てを支給する流れだった。

実際には弁護人の募集においては、東京、大阪など各地の弁護士会が機能した。

中村弁護士本人は、復員庁（陸海軍解体後、それぞれに対して第一復員省と第二復員省が残務整理のために設置され、復員庁と名称を変えた）の嘱託として現地に赴いた旨、書いている。

法務省、復員庁のいずれかからの委嘱であるにせよ、国家から与えられた仕事だ。国家が始めて人びとに辛苦を強いた戦争だったが、その後始末は国家が再び人びとに担わせることになった。

中村弁護士は手記『南十字星を仰いで』で国家の指導者や軍人に辛辣《しんらつ》な見解を述べている。書かれたのが戦後間もない時期だったこともあろうが、自身の考えの根底にあったのだと思われる。「うそやごまかしで、人民を欺して、強盗戦争を無謀にもはじめて、大勢の人間を殺したり、片輪化したり、ヤモメにしたり、孤児にした」として、軍閥、官僚、政治家の三者を痛烈に批判している。

そんな中村弁護士から見て、BC級戦犯は一つの犠牲だった。

弁護士の外地派遣は、同胞を救うという高邁な目的がありながら、人員集めに苦労した。問題は条件（報酬）で、当時の経済状況から渡航を快諾する者はさして多くなかった。

中村弁護士は、給与が十分でない経済的な犠牲があっても「終戦後の現地の事情を知りたい欲求と、連合軍軍事法廷の実際をも経験しておきたい」と思っていた。

イギリスの戦犯裁判

一九四六年九月一六日夜、シンガポールに第二陣として派遣される弁護士・通訳の一団が、護衛のイギリス軍将校とともに東京駅を発った。

赤レンガの駅舎は空襲で破壊され、トタン屋根が葺《ふ》かれていた。

彼らは列車に乗り、呉港から船に移った。

内地で拘束された戦犯容疑者たちも、この呉港から船に乗って外地の法廷へと連れて行かれた。瀬戸内海を進んで豊後水道を抜け、外洋へ――。

すでに第一陣の弁護士・通訳は九月六日に出発していた。

第二陣には中村弁護士だけでなく、のちにサイゴンで中村の後を継ぐ、杉松弁護士も含まれていた。

記録上、中村弁護士のシンガポールでの勤務は九月二三日からになっている。手記は、英米法(日本はドイツ法に倣っている)の原則が採用された法廷について詳しく紹介し、日本人弁護人が不慣れな法廷で戸惑う様子を描き出している。

彼の目には、法廷における検事と弁護人の応酬はフェアなものに映った。

「法廷では検事も裁判長もきわめてあかるい和やかな態度で、日本人弁護士たちを紳士として取扱ってくれる。法曹人を尊敬する英米人の習慣がうれしい」

「法廷で辛辣に渡りあった検事でも、事件がすむともとの紳士にもどる」

「彼らの態度にはフェヤプレーと謂《い》ったような、実に清らかな風がみえる」

シンガポールのイギリスによる戦犯裁判は「我復讐の鬼とならん」と豪語したと伝えられるシリル・ワイルド大佐が指揮した。その苛烈な追及と処罰は、復讐裁判という見方を招いた。

だが中村弁護士は違う一面を記録している。

刑が確定した戦犯たちが「安かった」「まあ相当だ」「仕方あるまい」などと漏らしていたというのである。それを手記で紹介し、中村弁護士は復讐裁判との批判を退け、戦犯裁判自体の意義を語っている。「戦犯──広い意味での──およびその裁判という制度は、人類の歴史はじまって以来の新しい、この第二次世界大戦の生んだ画期的な制度である」

「東洋鬼」と呼ばれた憲兵曹長

サイゴンで中村弁護士に助けられた人の遺族から、私は話を聞くことができた。

「中村弁護士に『助けてやりたい』と言われた話は父から何度も聞かされました。『とにかくびっくりした』と父は言っていました。そう思ってくれているとはぜんぜん予想しなかったらしいです。いきなり手をつかまれて、『何とか助けてやりたいという気持ちがわからないのか』と言われたそうです」

大分県中津市の四辻正信さんは、父の四辻政夫憲兵曹長からそう聞かされていた。四辻憲兵曹長は、北部仏印の港湾都市ハイフォンで任務に就き、「中国（国民党）軍諜報団員一四名の逮捕、取り調べ、処刑」に関わったと、裁判資料は伝えている。仏印は華僑が根を張った土地柄で、蔣介石率いる中国国民党とつながる勢力があった。

降伏後、四辻憲兵曹長はハイフォンの町を「敵広報工作人殉国勇士の霊」と大書した横断幕を張ったトラックに乗せられ、引き回された。「東洋鬼《トンヤンキ》」との罵声を浴び、小石や木片を投げつけられた。

四辻憲兵曹長が残した手記によれば、サイゴンに送致されると真っ暗闇の独房に閉じ込められた。独房に置かれた期間は二七八日。水責め、電気を通す、眠らせないなどの拷問に遭った。

不運だったのは、同じハイフォン憲兵隊の上官二人が逃亡していたことだ。戦犯裁判を逃れる意図があったはずだが、致し方ない。四辻曹長はすべての罪をかぶり、部下を守るつもりだった。周囲には「死ぬのは俺ひとりで十分だから」と言い、容疑を分担しようとする仲間の申し出を断った。

だが中村弁護士は「少し考えを変えてはどうかね」と言う。しかし「覚悟はできています。どうか立派に死なせて下さい」と四辻憲兵曹長は応じる。すると涙ながらに「何とか助けてやりたいという気持ちがわからないのか」と諭されたのだった。

日本人弁護士を要請するも派遣されず

サイゴンの戦犯容疑者たちは日本人弁護人を待望していた。

帰国者の情報をもとに作成された「西貢《サイゴン》情報」（一九四七年二月）というメモには「弁護士、通訳至急派遣」を希望すると書かれている。

　サイゴンからシンガポールの南方軍総司令部（南方軍）に派遣要請もした。南方軍総参謀長（沼田多稼蔵中将）からの回答は「仏印はイギリス軍の管轄下ではない。だからこちらに派遣された日本人弁護人を割くことはできない。内地に依頼せよ」というものだった。直接、自分たちで要請するようにということだった。

　南方軍は東南アジアに展開していた日本軍を指揮する立場にあったから、サイゴンの残留者が頼みにするのは当然だ。ところがイギリス軍に降伏した南方軍にとって、フランスの管轄下にある裁判についてはイギリス軍に依頼できないと断ったのだ。日本政府からも回答はなかった。

　日本人弁護人不在の中、サイゴンでは陸海軍の法務将校、主計将校――経理などを通常は担当する――などを集めて「戦犯弁護部」を組織した。

　裁判初期、傍聴記録をつくったり、資料をまとめたりする余裕はなかった。速記録がフランス側から提供されることもなかった。

　戦犯弁護にあたった一人として名前がわかっているのは、木戸口久治伍長である。木戸口伍長はのちに日弁連副会長、最高裁判事を歴任するなど、法曹界の要職にあった人物で、中央大学法学部在学中に高等試験司法科試験（現在の司法試験に相当）に合格していたという。

　資料を見ると、当時は「司法官試補」だった。司法官試補とは裁判所、検事局に配属されて実務修習を行った判事試補、検事試補の総称である。彼は帰国後、「西貢戦犯事情」と題して提供したメモを当局に提出していた。それがいま国立公文書館にある。

日本人たちはサイゴン弁護士会に頼った。これに対して在サイゴン三井物産で顧問弁護士を務めていたフランス人をはじめ、何人かが弁護にあたった。だが、彼らが仕事に熱心だったかというと疑問が残る。各地の戦犯裁判に共通することだが、こうした同胞ではない弁護士が「被告にとってまさに得体の知れぬ曲者」だったと述べる関係者もいる。彼らはあたかも報酬のためだけに活動しているようだった。

フランス人弁護人たちは日本人キャンプを訪問して資料収集をするようなことはしなかった。刑務所に出かけて被告や証人から事情聴取をする者も数えるほどだった。

祖国日本の冷酷さ

後述するが、フランス式――ドイツ、フランスを中心とするヨーロッパ大陸法――のサイゴン裁判では、ひとつの関門として「予審」というプロセスがあった。これは容疑者を予審判事が取り調べるもので、証拠物件も収集した。この取り調べで作成された予審調書に基づき、検事が戦犯容疑者を訴追するか否か、決定する。弁護人は予審に立ち会えるものの、フランス人弁護人が立ち会うことはまれだった。起訴後、法廷において自分のことでしゃべる人物を見て、はじめて担当弁護人を知る者もいた。

加えてまともな通訳もいなかった。結局、何が話されているかわからないまま裁判が進む。不利になることは目に見えていた。

かつての敵であり、戦犯容疑者である。弁護に積極的になれなくても無理はない。フランス人弁護人らが消極的だったのは、「日本軍をよく世話してやると『ドゴール』からにらまれる憂い」があったからだと述べる記録もある。

起訴状は針小棒大に書かれていると言われるが、強硬な態度で日本人を罰しようとする姿勢は明らかだった。


死刑判決を受けた者たちはフランス植民地軍の兵営内につくられた射撃場に連れて行かれた。

彼らはゆうゆうとタバコをふかしながら最後の時間を送り、こんなふうに言った。

「安心してください。私どもは日本軍人として潔く死んで行きますが、心は護国の鬼となってただ国の再建を見守りたいと思います。皆さん、達者にして祖国のために尽くしてください。さようなら」

たとえば仏印派遣軍の参謀だった林秀澄大佐は、裁判初期を振り返って「それにしても祖国日本の冷酷さは、何ということであろう」と憤っている。

祖国は彼らを戦場に送り込み、敗れては弁護士を派遣しようとしなかった。それでも彼らは祖国を恨みはしなかった。

正式派遣ではない弁護人

降伏にあたっての論理に従い、自らの管轄ではないと返答したシンガポールの南方軍だが、サイゴンの戦犯容疑者たちを見捨ててはいなかった。

南方軍総参謀長沼田中将が中村弁護士に懇請し、結果として状況視察の名目で一九四七年七月末、中村弁護士がサイゴンに入った。

現地の日本人は歓喜して迎えたが、日本政府からの正式派遣ではなく、あくまで状況視察である。帰国の途中で立ち寄ったに過ぎなかった。そうとわかると一同は落胆しつつもサイゴン滞在を請い、中村弁護士がこれを受け入れた。フランス側との交渉を経て上陸が許可された。

だがそもそも日本人弁護人の活動には制約があった。法廷に立っての弁論は許されない。フランス人弁護人が使う資料を作成・提供し、彼らを、また被告を補佐することに限られた。フランス語では「assitant maître（副主任）」などと資料中に書かれている。

ほかにできたのは、戦犯容疑者たちを刑務所に訪ねて面談する、法廷で彼らを指導することである。こうした資料作成を主とする日本人弁護人の働きは、日本国内で行われたBC級裁判――横浜裁判など――でもほぼ同じであった。

このように、戦犯容疑者はきわめて不利な状況に置かれていた。それでもフランス語を解する日本人弁護人の存在はフランス側に影響を与えた。

拷問で悪名高い探偵局からの呼び出しが中止され、取り調べが真摯かつ公正に行われるようになった。弁護士に対する社会的な尊敬の念がフランス側にあり、それが彼らを自制させた。

裁判にかけられるかどうかを決する予審に日本人弁護人が同席するため、容疑者が失言したり、言い過ぎたりすることも防げるようになった。

裁判自体も丁寧になった。被告人が一度も発言しないまま重刑を科されることはなくなった。刑務所での取り扱いも緩和され、収監者が刑務所側に行う抗議も受理されるようになった。

後日中村弁護士が去り、後任の杉松弁護士が来るまでの一ヵ月間、探偵局による呼び出し、拷問、取り調べは復活した。日本人弁護人がいることは大きな意味を持った。

「命令は絶対なものであろうか」

中村弁護士のことを資料は「連日大活躍せられあり」「熱心弁護をせられ、お蔭を以て被告にとり思いかけざる有利なる判決あり」「今後に期待すること絶大なるものあり」と記している。

フランス人弁護人と連携して精力的に動いたが、戦犯裁判自体にどんな見方をしていたのか。

近代における法律の原則として、「刑罰不遡及論」という考え方がある。これは行為があった時点では存在しなかった概念や法によって、その行為を裁くことはできないとするものだ。たとえばA級戦犯が負った「平和に対する罪」の概念は、戦争中にはなかったのだから裁くことは不適切だ――おおまかに言うとそんなふうに考えるのだ。

東京裁判で弁護団副団長を務め、東条英機被告の主任弁護人だった清瀬一郎がこの刑罰不遡及論によって裁判そのものを否定しようとした。

しかし中村弁護士は刑罰不遡及論にもとづく裁判の否定に批判的だった。ＢＣ級戦犯が述べた「上官の命令を実行したに過ぎない」という主張にも否定的だった。

命令の是非や善悪を判断する能力を持つならば、命令を実行した人として責任が課せられるのは止むを得ない。そう考えていたのだ。そして次のようにも考えていた。

「そもそも命令は絶対なものであろうか」「いかに下官であっても、命令の範囲内で、自由裁量の余地は絶無ではない」

ランソン事件についてこの考えを敷衍すると、捕虜殺害を命じられて実行した現場の将校にも責任があることになる。

中村弁護士は「仏印戦犯事件の重大事件の一つ」であるランソン事件について、厳しい見方をしていた。

連隊は急遽国境方面に転進を命ぜられたため、多数の捕虜の処分に窮した。かつ敵は味方（日本軍）の兵力の案外少ないことを知って、反撃に出でんとする気配を示した。遁走《とんそう》の仏軍またこれに呼応して、捕虜の奪回をはかるという諜報に接した故、やむなく殺害してその害を未然にふせいだ、というのが主な理由だ。（中略）
勿論こんな理由が、捕虜処分の正当な理由とは、国際法に照らしても、成り立ち得ない。

その見方は容疑者となった人びとにも伝わっていた。福田大尉がこう書いている。

当時弁護士としては中村先生が居られたが、二、三回御指導を受けたのみで私達の事件に殆んど、絶望的な観察をされていた様で、事件渦中の我々としては、其の客観的事実を、静観的な気持で、受入れるより以外に、為す術もなかったというのが当時の偽らざる心情でもあった。

弁護人の観測が裁判の行方を決めるわけではない。だが福田大尉はおよそ三年の獄中生活において「前半期は絶望的な暗雲を前途に控え」る思いで過ごしたと綴っている。
この時期、福田大尉は加えて部下のことでも悩みがあった。自分よりあとにサイゴンに来た一人の部下が、状況の説明を受けるや獄中で精神に異常をきたしたのだ。この部下は「連隊長はおらぬか、連隊長は、連隊長ここへ来い。話がある」「そら弾が飛んできた」「これから突撃を開始する」などと騒ぐ。

「両眼は釣り上がり、口を半開きにして歯をむき出し、奥歯を小刻みにガチガチ鳴らしながら時々ひきつったように唇の片方をぴくぴく引き上げ」るのだった。理髪用のはさみで首、手首、局部などを掻《か》き切ることもした。福田大尉は上官として責任をとって死のうと決意を深めた。

「泥棒兵団」の悪名

ランソン事件について、周囲は極刑となる者が相当数いるのではないかと見ていたが、実際に責任を問われたのは連隊長以下、将校である。

中村弁護士は殺害を行った下士官・兵が対象から外れたことについて、フランス側が「下級者はまったくの機械と見なしている」と分析した。命令を受けて殺害しただけなら「機械的な受命者」であり、フランス側も彼らを罪に問うような「野暮は言わない」と考えていた。

裏を返せば、命令者、すなわち将校が何らかの責任を負わねばならないから「絶望的な観察」にもつながったのだろう。

こうした命令者と受命者の関係に関して、BC級裁判を広範に考究した『孤島の土となるとも――BC級戦犯裁判』(岩川隆)は、各国の軍隊において命令に絶対的に服従する関係が欠かせない点を踏まえながらも、裁く側には、誤った命令を受け、実行した部下にも責任があり、刑を宣告する方針があった点を指摘している。そしてこの「部下」は、ランソン事件では下士官・兵クラスということになろう。

歩兵第二二五連隊を隷下とする第三七師団は大陸を縦断した精強部隊だったが、一方で「泥棒兵団」とも言われた。糧食を行く先々での徴発に頼っていたからだ。

「その略奪の手際は組織的であり、機敏なことは水際だっていた」

「村落の放火をするについても強奪隊、火付隊などの分担が定められていた」

中村弁護士は第三七師団をこのように描いている。もちろん実際に見たのではなく、弁護活動の中で聞き知ったところだったのだろう。

しかし「泥棒兵団」の悪名は、戦闘部隊の彼らだけが負うものではない。補給を軽視した日本軍そのものであり、そのあり方を許容し、強いた指導層にも責任はある。

第三七師団が正式な補給を受けたのは中国・長江南岸の都市、武昌が最後だった。以後、仏印に入るまで、自給自足、すなわち徴発をしながら進むほかなかった。

とりわけ歩兵第二二五連隊は、第三七師団の最後尾にあり、略奪しようにも、先行する部隊が徴発している。奪うものもなく、「荒野を行くがごとく」であり、仏印に入ったときの将兵は荒《すさ》んでいた。仏印で第三七師団を目撃した人によれば、着るものは破れ放題で、とても日本軍とは思えなかったらしい。

第三七師団の悪評がランソン事件への「絶望的な観察」につながったとは言えないが、責任ありとの見方を補強するものにはなったかもしれない。

「兇悪野蛮なこの兵団の非行を恥じ、責めねばならない」「かずかずの暴行略奪を徹底的に剔抉《てっけつ》してその責任を追及すれば、無数の戦犯者を出したかもしれない」

そう中村弁護士は述べている。

また「部下の暴行略奪を許容容認したとか、慫慂《しょうよう》したとかいわれ、責を問われたある部隊長のごときは、むしろ自分の人格、能力が兵隊の長たる器でなかったことを自ら責むるべきだ」とも言っている。

待望された日本人弁護人だったが、一九四七年七月のサイゴン入り後、同年末には中村弁護士が帰国の意志を周囲に漏らすようになった。そもそも最初は二カ月が約束の期限だった。馬奈木中将は滞在延期を懇願した。そんな折、ある事件の容疑者たちが自分に虚言を弄していたことが発覚、中村弁護士は憤慨の末、翌四八年三月、帰国の途に就いた。虚言は弁護にあたる者として、裏切りに遭ったようなものだった。

外地での戦犯弁護は一年六カ月に及んでいた。戦犯弁護そのものへの意欲は止まず、帰国後の五月には早くも日本国内におけるBC級裁判の地、横浜法廷に立っている。

一方、再び日本人弁護人が不在となったサイゴンには、虚言を嫌った中村弁護士の後任として、虚言をまったく意に介さない、変わり者の弁護士が来ることになる。

第七章

正義

戦犯救出に身を砕いた異色の弁護士

諸氏の最後の日が来るにしても、その血は民族の中に生きるように、
私に出来るだけのことを致します。

杉松富士雄

杉松富士雄弁護士の場合

中村武弁護士の後任となった杉松富士雄弁護士は、サイゴン裁判、とりわけランソン事件のことを後世に伝えるべく力を尽くした。そもそも事件を担当することは、彼自身が強く望んだことだった。

サイゴンで弁護にあたっていた一九四八年一二月の時点で五九歳。「予定の半年が過ぎても同胞のために残っている」と周囲に語り、「正義を擁護し無法を制する市井無冠の大王」と自称していた。

こうした表現からは変わり者との印象を受ける。彼を古武士のような人物だと評する人もいた。

一九三四年発行の『日本弁護士名簿』（日本弁護士協会）には東京弁護士会所属とある。長崎県

出身――五島列島の生まれという――で、二〇代の頃、台湾にわたって過ごした。

その後「明大高等研究科」――「日大法科」とする新聞記事もあるが、同大学の戦前戦後の校友会名簿には記載がない――に学び、「官報」（一九三〇年一月二七日）には同年一月一七日の弁護士登録と載る。

弁護士になったときすでに四〇歳。帝国大学の法科を出てその道に入ったわけではない点は、前任の中村弁護士と似ている。A級戦犯の弁護団に加わるようなエリート弁護士でなかったことは確かだろう。

西郷隆盛を敬愛し、文筆をよくした。戦前から雑誌に随筆を寄稿し、法律分野の著作もある。一九三二年、同年の満州国建国を念頭にしたのか、雑誌への寄稿で「若き日本の麗しき　国是を布くの秋到る」「八千万の同胞は　単身難に赴かん　団結世界を導かん　高き理想の彼方ぞゆくて」などと詠んでいる。

敗戦の翌年一九四六年、第二二回衆議院議員選挙に長崎県の「全県一区」で出馬。定数八に対して立候補者五七人中五七位と、最低の得票数（一〇八。有権者数は六七八三八五）で落選している（当時の「長崎新聞」によると五八人立候補）。立候補は他の候補者より遅く、無所属であり、選挙戦では苦戦したことが、報道に示されている。

この事実からも変わり者という印象が強まる。

朝鮮人BC級戦犯の回想

シンガポールで杉松弁護士の弁護を受けた人に話を聞くことができた。その人は李鶴来《イハンネ》さん。日本統治時代の朝鮮半島に生まれ、軍属としてタイで泰緬鉄道建設の現場にいた。捕虜の扱いをめぐって戦犯容疑を受け、シンガポールで裁判を受けた。判決は死刑。のちに減刑され、生還した。朝鮮人戦犯への補償に関して行っていた活動で知られ、二〇二一年に亡くなった際にはメディアで報じられた。

生前のインタビューでは——

「〔杉松弁護士との〕打ち合わせのとき、私が『人員』と言ったつもりが『賃金』と聞こえたらしいんですね。それで『君の日本語は下手だね』と言って、『お前の弁護はやりきれない』というような感じだったんです。だけど日本語は自分の国の言葉ではないし、やはり藁《わら》をもつかむという気持ちだったので、我慢して弁護士の意思に従ったわけです。けれども、そういったこともあって弁護士との打ち合わせはうまくいっていなかったと思います」

李さんには、法廷に証人として来てもらいたい上官がいた。杉松弁護士にその上官を証人に呼ぶように頼んだ。だが後日の回答は「どこにいるかわからない」だった。探し当てられなかったのか、探そうとしなかったのかはわからなかった。

また李さんは、ある中佐にも証言してもらおうと相談した。その中佐は実際に法廷で証言を行った。だが証言は李さんを満足させるものではなかった。

「裁判までに証人と打ち合わせをするだろうと思っていたら、ぜんぜんないんです。ところが杉松弁護士は〔その〕中佐に会っている。私に会わせないで自分だけ会ったという。打ち合わせもないまま裁判になって、中佐と私の証言が食い違う場面があったんですね」

李さんには不満が残った。

その後、死刑判決ののち減刑という劇的な変転を経験して巣鴨プリズンに移された。当時記していた「私乃手記」と題したノートには「どうしてあの時（杉松弁護士の）弁護をキッパリ断らなかったかを後悔している」と書いている。

一方の杉松弁護士は、シンガポールでの戦犯裁判のことはほとんど書き残していない。だから李さんのケースで何を考えていたのかはわからない。

「『この起訴状は危ない』と杉松弁護士に言われました。『危ない』というのは、これ（死刑）だということですよ。あのときは裁判にかけられると六〇％くらいは死刑だったんですから」

「せっかく弁護してくれた弁護士だから悪くは言いたくない。けれども実態としては軍隊・階級の偏見、民族的な偏見といったものは強くあったんじゃないかと私は感じるわけです」

「軍隊・階級の偏見」とは、軍属――軍隊の中の民間人――だったことによって、軍人よりも下に見られたのではないかということのようだ。

「結局たった二日くらいの裁判で、時間にして二、三時間です。判決が出たら死刑なんです。捕虜を虐待した覚えはない。仲間も捕虜が規則違反をしたときに『おまえ、気をつけろ』といってビンタの一つくらいとっている。でもそれが捕虜の虐待とは思っていない。ところが捕虜は、習慣が違うからビンタで殴られることは、侮辱と感じている」

軍隊では横面を張るくらい珍しくない。それがゆえに他国の人を軽く張り飛ばし、敵国の将兵を殴り、結果的に怨みを買った。戦記や資料を読むとよく出合う事実である。

シンガポール・チャンギー刑務所では、死刑執行の前日、死刑囚のための宴席が設けられた。宴の声は他の房にも届いた。

絞首台の板が外され「ガターン」という音とともに処刑される。日本人は「天皇陛下万歳！」、朝鮮人は「大韓独立万歳」の声を死の直前にあげた。

死刑判決後、杉松弁護士は李さんの助命嘆願を提出していた。嘆願書のことは当時、李さんの知るところではなかったが、その後減刑となり、巣鴨プリズンを経て一九五六年に釈放された。

杉松弁護士には一度会いに行った。

「自宅だったかどこだったか、一回日本で会ったことがあります。記憶ははっきりしないけれども、〔住所が〕わかって会った」

会いに行った理由を尋ねると「挨拶程度ですね、今のような気持ちはあったにしても、『弁護をしてくれた』と挨拶に行ったのだと思いますね」とのことだった。その後の行き来はなかったという。

杉松弁護士の情熱

一九四八年五月二八日、杉松弁護士は羽田の飛行場を発ち、上海、香港を経由して三〇日午後、サイゴン郊外の飛行場（現タンソンニャット空港）に着いた。シンガポールに続く二度目の外地での戦犯弁護だった。

その時点で、約八〇人の軍人と五人ほどの民間人が、サイゴン中心部の中央刑務所と郊外のチーホア刑務所に収監されていた。また抑留キャンプには軍民併せて約一〇〇人がいた。

杉松弁護士は着任時、ランソン事件の円満な解決がサイゴンにおける唯一の目標だと挨拶したと伝えられる。他の事件はフランス人弁護士に任せ、公判には自ら出廷するつもりだと早くから関係者に語っていた。その捕虜殺害の規模から仏印最大の事件であること、日本軍の命令や組織のあり方を如実に物語るものであったことが、この事件を重視する動機だったと思われる。

杉松弁護士の着任は歓迎された。ランソン事件関係者の言葉を読むと、精神的な支えと感じ、感謝の念を抱いていたことがわかる。

福田大尉は杉松弁護士が来るまで「暗中模索、暗雲に閉ざされたまま、前途に何らの希望もなく絶望的境地」にいた。

杉松弁護士はそんな彼らを力強く励ました。

福田大尉の手記を引く。

先生は大局より観察された信念をもって、難局打開の方途ある点を、我々に述べられ、終始一貫せる対策を示して下さった。多くの医者によって、すでに絶望視された瀕死の重病人とも云うべき立場にあった私たちが、名医によって、一縷《いちる》の望を告げられたがごとき心地がした。

また杉松弁護士の指導——弁護ではなく——によって「耐えられないような絶望の谷底」にあったところから「心理状態は一変」したとも述べている。

杉松弁護士は人間を見る人だった。戦犯容疑者に対して「皆さんは正常なつもりかもしれんが、私から見たら正常な人は一人もいない」と述べた。祖国のためにと戦場で力を尽くした末に異国の獄につながれ、死の恐怖におびえる。それは尋常ではない。そう慮っていたのだろう。

一九四八年初頭、関係者の間で「責任の去就、分担の限界について、依然深刻なる葛藤が続けられた」と福田大尉は手記している。

「深刻なる葛藤」とは抽象的だが、責任の押し付け合いがあったと見られる。かつての上官、戦友の間で争うわけだから神経はすり減る。サイゴン裁判においては捜査段階からフランス側によって情報提供者の買収が行われていた。疑心暗鬼を生ずる状況はあったにちがいない。

誰しも死にたくはない。軍人になった以上、戦場で死ぬことは覚悟していたとしても、汚名を着せられて死ぬことは受け入れがたい。死ぬことに大義を見い出し得ない中、責任を回避しようとするのは当然のことだろう。

すでに述べたように、BC級裁判では上級者が法廷で「命令した覚えはない」と言い、下級者は「命令を実行しただけ」と応じることが頻繁にあった。責任逃れの争いに対し、法廷は厳しい態度で臨む。こうして不幸な結果を招くのが通例なのだった。

そしてこの年の八月半ば、連隊長だった鎮目大佐の予審が始まった。

「虚言を弄しても一向に構わない」

杉松弁護士は、前任の中村弁護士と正反対の考えを持っていた。二人に接した関係者の一人は「根本的に相違した性格」と表現している。

たとえば中村弁護士は、容疑者たちの虚言に憤って帰国したと言われるが、一方の杉松弁護士はこんな風に周囲に語っていた。

「彼らに対して、私は陳述が真相であるかどうか問い詰めはしない」

「虚言を弄するかどうかは、私が関知するところではない」

「陳述に真理が通り、かつ尻尾を出さない確信があるなら、虚言を弄しても一向に構わない」

祖国を遠く離れて犯罪者扱いをされている人びとにとって、虚言をも聞き入れる杉松弁護士の存在が絶大な慰めになったことは想像にかたくない。

虚言を認める論理は風変わりなもので、それは動物の世界を例にとっていた。

「動物ですら、保護色を使って強者の目を誤らせて生存権を擁護している。いわんや人は自己を保護する特権を持っているのだ」

あるとき、杉松弁護士が拘置されている戦犯容疑者を訪ねた。同伴した関係者が面会後に「あの容疑者は虚言をしているようだ」と指摘した。すると杉松弁護士は「不要の忠告だ」と一蹴《いっしゅう》した。虚言を意に介さない姿勢は終始一貫していた。

強者＝戦勝国（フランス）に生殺与奪の権を握られている以上、虚言でも駆使しなければ逃げ切れないと見ていたのだろう。

馬奈木中将は、杉松弁護士が帰国を仄《ほの》めかしながら自身の待遇改善を要求することに手を焼き、ときに「閉口」しながらも、「今回の戦争裁判についても敬服すべき独特の世界観」を持っていたと評している。ＢＣ級裁判は圧倒的に被告に不利であり、世界観によって戦うしかなかったとも言える。

杉松弁護士は周囲にこう豪語していた。

「私は被告の陳述に応じていかようにも弁論をなし得る自信と用意がある」

豪語するだけでなく努力もした。たとえば当初、別の場所に住んでいたが、活動の便宜を考えて抑留キャンプに移った。自身では詳らかにしないが、周囲の目には戦犯一人ひとりに心ゆくまで話をさせる弁護士として映った。

戦犯容疑者に対する影響は非常に強かった。馬奈木中将の観察によれば、杉松弁護士の影響を受け、有罪が確実視された者ですら自分が無罪であるかのような錯覚に陥り、釈放後のことを思い描くようになっていった。

待遇改善の要求について付言すると、前任の中村弁護士も海外派遣への対価が必ずしも好条件でなかったと述べているように、外地に派遣される弁護士の待遇は総じて良くなかった。記録では、杉松弁護士が一九四八年五月、六カ月契約でサイゴンへ派遣されたとき、基本給は一万一〇〇〇円。そこに外地手当七一五〇円、家族手当二〇〇〇円が加わって合計二万一五〇〇円だった。

一九四八年当時、総理大臣の月給は二万五〇〇〇円（『値段史年表　明治・大正・昭和』週刊朝日編）。一国のトップとさほど変わらない金額で不満が生じる背景には、内外の物価差や慣れない外地生活の苦労があっただろう。事実、第三者も「弁護人（杉松）に対する金銭的待遇はよくない、現在月二八五ピアストル（ピアストルは仏印の通貨）だが近く七一三に上がるはず、月二八五ピアストルではマンジュウ四つくらい一日に食すれば終り」と報告している。

戦犯の命運を決する「予審」

サイゴン裁判において日本人弁護人はどんな仕事を担ったのか。起訴するか否かを決める予審のことはすでに書いたが、馬奈木中将の「佛印に於ける戦犯裁判」などをもとに、裁判の流れから見てみよう。

最初にフランス側の捜査機関——検察局、戦争犯罪局（戦犯局）、探偵局のいずれか——によって、嫌疑がかけられ逮捕、拘置される。

この中で、戦犯局はフランスが戦争犯罪の捜査を独自に始めた一九四六年三月以降につくられた組織である。

また探偵局が捜査に関わったのは初期で、次に戦犯局が前面に立ったが、戦犯局の外局として探偵局で取り調べるケースもあった。

探偵局は特記すべき存在で、フランス植民地政府の秘密警察を指す。メンバーの大部分が戦時中のドゴール派（レジスタンス）だったといわれ、明号作戦で逮捕された者もおり、残忍な拷問で恐れられていた。「水を大量に飲ませる」「体に電気を通す」「釣り上げる」「ムチで打つ」などの行為が報告されている。

探偵局を率いた「ガルトン大尉」はとりわけ悪名高く、「日本人をボルネオの原住民以下に扱う」といった暴言を吐いたと伝えられている。その彼は法務官の肩書きを持ち、サイゴン常設軍事裁判所の主任検事でもあった。短軀で虚勢を張り、横暴かつ残忍、植民地崩れで血も涙もない鬼検事などと評された。甲高い声をヒステリックに張り上げ、「呪詛に満ちた論告」をなし、それは幽鬼の声を聞くような戦慄と絶望的な恐怖を催させるものだった。

逮捕後、容疑者は予審判事の呼び出しを受けて予審局で取り調べを受ける。

予審は事前に日程の連絡があるため弁護人の同席が可能で、書記と通訳も同席する。予審判事が細部にわたって容疑者を尋問し、納得できない、あるいは筋道が通らない陳述があると徹底的に追及する。裁判初期は日本人弁護人が不在で、フランス人弁護人は稀にしか立ち会いをしなかったこともあり、予審で容疑者が罪を逃れようと要求されていないことまで陳述し、新たに捜査のきっかけを与えてしまうこともあった。

こうした「しゃべりすぎ」については、イギリスによる捜査が始まった時点から、インドシナに展開する日本軍全体に注意喚起がなされたが、弁護人不在ではどうしても抑止はむずかしかったらしい。

戦陣訓において「生きて虜囚の辱めを受けず」と強調されたように、日本軍は捕虜となることを想定して教育をしなかった。そのためいったん敵軍に捕らえられると、聞かれないことまで洗いざらいしゃべってしまうのだった。それは戦後の戦犯裁判においても同じだった。

予審判事は、容疑者の陳述が理解できるものになると、書記に要点を伝えて記述させる。書記はそれを読み上げ、異存がなければ容疑者に署名させる。記録に陳述と異なるところがあれば訂正してから署名となる。

こうしてできあがった予審調書が検事局に移されて、これをもとに起訴、不起訴を決定して本人に知らせる。なお検事は予審そのものには干渉しない。

予審調書への署名は当然、書かれたことを認める意味で重要だった。しかし「捺印には慎重であるが署名は簡単にする」（馬奈木）という日本人らしい習性もあって、容疑者たちは少しの間違いがあっても訂正せずに署名してしまい、これが裁判の帰趨《きすう》に影響した。

許されなかった法廷での直接弁護

誘導尋問でのしゃべりすぎを避けるためにも弁護人の存在は重要だった。杉松弁護士は予審で取り調べを受ける者たちにこんなふうに指導した。

「戦犯局や探偵局での陳述と一致しなくてもよい、腹を決めて厳しい態度で臨むように。質問には必要最小限で答え、質問から外れる件については一言も言及してはいけない」

さらに忠告した。

「言を左右にしたり、矛盾することを言ったりしてはいけない。前言取り消しや当然の責任を回避するような態度は、予審判事に悪印象を与えるから結果も悪くなる」

だが注意を受けても、予審の場で上がってしまい、多くを話してしまう者がいた。杉松弁護士はこうした場合、刑務所まで出向いてその者を面罵した。自分の指導に沿わない者には厳しく接したのだ。

杉松弁護士のそのような姿勢を批判することは簡単である。

しかし戦犯裁判で避けるべきは、巻き添えを増やすことだった。杉松弁護士は職務に忠実だったに過ぎない。

午前中は予審に立ち会い、午後は刑務所を訪ねて戦犯容疑者と面会を重ねる。そんな多忙な日々を送った。


中村弁護士のところでも書いた通り、日本人弁護人は立会人という補助的な位置づけだった。主な仕事は、予審を戦犯容疑者とともにすること、資料収集や裁判所に提出する書類の検討、弁護要領の作成だった。

作成した弁護要領の草案は、弁護を受ける本人に読み聞かせて意見を聞き、加筆訂正した。大きく言って罪のないこと、あるいは軽いことを強調するものであった。作業は時間を要し、面倒なものだった。キャンプ関係者は杉松弁護士が労力を割く様子に敬服の念を抱いた。

フランス人弁護人はこの弁護要領にもとづき弁護するため、日本側の意向を固める意味で、日本人弁護人の地道な作業が必要だった。

また被告のために必要な証人がいれば、その人物と被告の打ち合わせの機会を設け、法廷で証言できるようにフランス人弁護人に働きかけた。

証人は主に同じ部隊の者が進んで買って出た。馬奈木中将などは、十数回証人を務めたため、「裁判ずれした」と言われるほどだった。

証人は、たとえば拷問の容疑については「人道上、悪いことは明らかだが、戦況が不利なときに勝利のために焦り、祖国のために努力したことについては同情を賜りたい」などと述べるのが常だった。

法廷で日本人弁護人が単独で弁護したケースはほぼ皆無だった。弁護要領を介したフランス人弁護人との協働が原則だった。

さらに言うと、日本人弁護人が法廷で直接弁護することは許可されていなかった。可能なのは、被告への助言や指導であり、日本人弁護人が自ら弁論したことは杉松弁護士によるただ一度きりだったとされる。それすら数分程度で、フランス側と交渉してやっと可能になったことだった。

資料や当事者の手記に「弁護士の指導」とあるのも、敬意だけでなく、実際の役割分担によるところもあるのだろう。

一方、被告は自由に陳述できた。

予審と同じく、彼らには弁護人からその態度や陳述に強い注意が与えられていた。

「裁判に関する心得」という作成者不明の資料は次のように述べている。

「起訴状に記載された事項について反駁《はんばく》弁解すべし」

「態度は堂々としてなすべし」

「無用な細事を繰り返し、くだくだしく述べるのは不得策」

不利な陳述を引き出される、あるいは自ら行うことを警戒していたのである。

同時に「家族の困窮状態、フランス人にとって好意ある事績を簡単に述べよ」などと、同情を誘う工夫も求めている。また「つくり過ぎ、考え過ぎの陳述も控えよ」と求め、「負うべき責任があれば潔く引き受ける態度をとれば、裁判官の心証は好転する」などと説いていた。

通訳・翻訳の問題点

サイゴン常設軍事裁判所の法廷は市内の裁判所の中に設けられていた。一九世紀末に建てられた重厚なコロニアル様式の建物で、ホーチミン市中心部に今日まで残っている。

この裁判所に正門を向けてサイゴン中央刑務所があった。付近にはコーチシナ政庁庁舎（現ホーチミン市人民委員会庁舎）、インドシナ総督の住まうノロドム宮殿（のちに南ベトナム大統領官邸）、インドシナ副総督の住まい（現ホーチミン市博物館）など、植民地支配の官衙《かんが》が形成されていた。

戦犯裁判は裁判所の二階で行われた。部屋は「上等の場所」だったという。

被告たちは仏印軍の憲兵に連れられて裁判所に出向いた。判事が法廷の正面に、傍聴席に相対して座る。判事から見て左斜め前方に被告および弁護人、同じく右斜め前方に検察官が分かれて座る。

裁判の流れはおおむね以下の通りである。

検察官、弁護人、証人、参考人、傍聴人が入廷して着席後、判事が入って敬礼し、審理開始が宣告される。

裁判長は被告に向かって本人に相違ないか尋問し、公判開始後、起訴状が朗読される。起訴状に対して被告は答弁し、検察側証人が証言する。裁判長からは証言に関して被告に尋問し、弁護人の弁護が行われ、被告人側証人が証言する。次に検事が論告を行い、一旦退廷後、判決が言い渡される。

法廷の言語は当然フランス語だった。起訴状などもフランス語で書かれている。通訳・翻訳は必須だった。BC級裁判では通訳・翻訳に関して多くの問題が生じたが、サイゴン裁判も例外でなかった。

関係者は通訳の問題を率直に書き残している。それらによると、フランス側に加担するかのような態度の者も珍しくなかった。

通訳の中には「生かすも殺すも権利はこちらの舌先三寸にある」などと言う者がいた。フランス側がそう言っていないにもかかわらず、「白状しなければ拷問にかけてやる」と脅す者もいた。

ある憲兵隊関係者は、日本人とフランス人を両親に持つ通訳について「予審廷での取り調べにあたってはまったく仏人そのものの態度で、日本人の血がどこに流れているのかと疑いたくなる程だった」と恨みをもって回顧し、「再会の機会あらば御礼参りをぜひしたいと思っている」とまで言い切るのだった。

裁判初期は外務省関係者から人を得たり、刑務所に留置されている者のなかにフランス語に堪能な者がいたりして通訳の対応ができた。そうした人びとが帰国すると難が生じた。そこで日本人が頼ったのが「ルピカル兄弟」という二人の若者だった。

自身が戦犯として裁かれ、また裁判関連の文書の翻訳にも関わった前述の山崎剛太郎さんは、ルピカル兄弟のことを記憶していた。

「ルピカルっていう、フランスの青年が——ひょっとしたら日仏混血かもしれないが——通訳したような記憶があるな」

彼ら兄弟は母が日本人、父がフランス人で、父は日本軍の仏印進駐後、大南公司という日本人経営の商社に勤務していた。とりわけ兄の「カミール」は真面目な人柄で、十代半ばまで長崎で育ち、戦犯裁判の折は二十代半ば。裁判全体が終了するまで通訳にあたり、一言半句もおろそかにせず、自分が確実に理解できるまで質問を相手に繰り返し、通訳した。

重要な場面で通訳を務めたために、予審判事や検事の言動に通じており、フランスの世論や意見も理解していた。そうした情報から判断し得たことを抑留キャンプにいる日本人に知らせるなど、助けになる存在だった。日本人側から非常に感謝され、名前は関係者の手記に頻出する。

予審の取り調べ

ランソン事件の予審では、どんな取り調べが行われたのか。

ランソン憲兵隊の一人が自身の受けた予審の内容を書いている。同憲兵隊と歩兵第二二五連隊は部隊としては別で指示系統も異なるが、憲兵隊は職務上、明号作戦では要人逮捕の任を担っていることもあり、嫌疑を受けたようである。

この人は一九四七年四月から一九四九年三月まで計四回、予審に呼び出された。インドシナにおける憲兵隊の任務、明号作戦時の状況、ランソンでの勤務状況、フランス人殺害を知っていたか否か、ランソンの要人逮捕の方法などを取り調べられた。

憲兵隊関係者は事前に歩兵第二二五連隊長の鎮目大佐に協議を持ちかけていた。鎮目大佐は「歩兵部隊と憲兵隊に関係はない、独自に対処を」と返答した。鎮目大佐はある部下の従軍証明書を作成する際、事件について嫌疑を受けぬよう意図的に仏印入りを明号作戦後にするなど、温情の人だった。返答は両者を関係づけられ、訴追される人が増えるのを防ぐためだっただろう。

だが憲兵隊員にしてみれば、部隊が異なり、殺害に関わっていないからといって安心はできない。別のランソン憲兵隊の隊員は「生か死か」でいえば「死のみ」と覚悟し、「負けてはならない」と自らを奮い立たせなければ予審に臨めなかったと書き残している。

一九四八年の終わり頃、ランソン事件関係者――最終的に免訴になった――の一人が予審判事ポルテ法務大尉による取り調べを受けた。杉松弁護士も同席した。その人、伊藤安之大尉（第三七師団司令部参謀部庶務主任将校）は回想記で当時の状況を詳述している。

ポルテ大尉は好感をもって他の戦犯容疑者の手記で語られる。福田大尉は「温厚なる紳士」と評しているし、ある人は「丸顔の、浅黒い、小さな丸い目をしたフランス人で、非常に真面目な人柄」と評している。

伊藤大尉に対する取り調べは二、三日続いた。ポルテ大尉の態度は温厚だったが、返答に窮する質問もあった。伊藤大尉が師団司令部にいたことに鑑み、司令部がランソンでの捕虜殺害にどう関わっていたかを解明するために取り調べたようだった。

職務、参謀部の組織、職分、指揮系統などに関する質問を経て次のような質問があった。

「庶務主任将校として取り扱った書類の中に歩兵第二二五連隊からのランソン事件に関する報告書があったはずだ。どんな内容だったか」

「電信等でランソン事件についての報告はなかったか」

師団司令部が把握していたなら捕虜殺害は組織的な犯罪になろう。ほかにも伊藤大尉は「ランソン事件のことをいつ聞いたか」「拘留中にランソン事件について何か聞いたことがあれば話すように」などと尋問された。

伊藤大尉は「日本軍の将校であるから知っていても言えないことがある」と答えた上でこう言った。

「ランソン事件の当事者は自分の問題について他の人に話すことはほとんどありません。従ってランソン事件の内容について私は本当に知らないのです」

事実、最終的に刑を受けた四人は、事件そのものに関してほとんど書き残していない。周囲にも詳しいことは語っていなかったのだろう。あらゆる意味で用心していたからだと推測できる。仮に周囲に漏らしても、それは予審や裁判を不利にしない範囲にとどめていたはずだ。

こうした伊藤大尉の答え方に杉松弁護士は不満を持った。

「伊藤君はまことに芸のないことを言うね」と、取り調べ後に言った。いらぬことは言うなと全員に指導している中で、「知っていても言えないことがある」などと言うのは相手に対する挑発だったからである。

「美し過ぎる」陳述は死を意味した

福田大尉は予審にあたって媚《こ》びへつらう態度はならぬと自分を戒めた。杉松弁護士からはこう言われていた。

「国家のためを思い、引き起こした事件である。何も恥ずかしいことはない。堂々とがんばれ」

励ましは、日本軍自体が否定された敗戦後の風潮を考えれば時代に逆行するものだった。それゆえその言葉は強力だった。

「（杉松弁護士は）信念化された日本精神的見地から、私たちを真に激励鼓舞し、熱烈にご指導してくださった」と福田大尉は回想し、仏印における戦犯で、「これほど熱誠なるご指導を受けた者はいないだろう」とまで感謝した。

杉松弁護士の熱意ある態度は、ひとり福田大尉のみならず、他の戦犯容疑者も多いに喜ばせた。フランス側の態度をも軟化させ、収監された戦犯容疑者の待遇は改善され、監視兵の振る舞いも変わった。

では、福田大尉は予審で何を語ったのか。

『死の宣告と福田義夫』は膨大な量の手記だが、予審にはそう多くを割いていない。他の事件関係者に配慮したのだと思われる。

「嘘偽りは到底私にはできないことであった」と述べ、真実に生きることを理想とする自身の信念に従ったと言っている。これは推測だが、鎮目大佐から命令を受けたことをはじめとして、事実のままに語り、自分に責任があることも認めたのだろう。

そう推測できるのは、予審に立ち会った杉松弁護士が「君の陳述はあまりにも美し過ぎる」「責任が自分にかかるように、かかるように、答弁している」と言っているからだ。

繰り返すが、杉松弁護士は戦犯容疑者が虚言を弄することをも認めた人だ。その人が見て、福田大尉は正直に過ぎた。

「美し過ぎる」陳述は死を意味していた。

「予審でありのままを陳述してしまった。運命の成り行きについては、すべてを諦めるほかない」

このように自ら回想している。

正直に話せば、罪に問われることはわかっていた。覚悟はしていたが、初回の予審を終えた夜は、興奮で一睡もできなかった。

冷戦を背景に生じた希望

一九四八年の暮れ、福田大尉のもとに母から手紙が届いた。

「いつまでも生きて、お前の帰りを待っています。たとい、不幸にして……そのときは墓場で会いましょう」と綴られていた。

明けて一九四九年。この年、福田大尉は三一歳になる。収容から二回目の正月を迎え、「君が代」を歌い、宮城を遥拝した。

日記に有意義な人生を送るべきだと書いた。「苦難は神の賜れる試練」と思い定めていた。

一月のうちに、ある参謀の釈放が決まった。

杉松弁護士からは絶えず励ましがあった。「渾身《こんしん》の努力を払え、そこに活路あり」と。自分でも希望を捨てていなかった。

四月、「心身ともにきわめて良好」と日記に書いた。

六月には、杉松弁護士から帰国の意思を聞いた。これについては「承る」とのみ書いている。唯一の日本人弁護人であり、精神的な支えでもある。その人を失う事態は、考えるだけでも不安なことだったはずだ。

一方、この時期は部下たちの嫌疑が晴れ、心の重荷がとかれ始めた頃でもあった。精神に異常をきたしていた部下は「杉松先生の卓絶せるご指導」によって、危地を脱していた。

他の事件でも寛大な判決が出るなど、裁判全体の状況は好転しつつあるように見えた。

チーホア刑務所にいる日本人の間で、帰還を意識したリュックサックづくりが流行した。多くの容疑者たちが先行きを楽観し始めていた。

背景には国際情勢の変化があった。

一九四八年、ソ連がベルリン封鎖を行い、米ソ両大国の緊張が高まった。東西冷戦である。翌年四月、西側諸国が参加するNATO（北大西洋条約機構）が成立。その後、一〇月には中華人民共和国、ドイツ民主共和国（東ドイツ）が誕生した。

東西冷戦の中で、日本に対して融和的なムードが生じていた。判決にその影響が表れていた。

「人生の本質は死への旅行」

周囲が見た福田大尉は、壁に向かって黙想していることが多かった。

日記には「（事件は）祖国のために、義務を忠実に果たしたことであって、良心的にはなんら恥じるところはありません」とある。

来たる裁判での重刑を予想してのことだろう、生死を思う記述が何度も見られる。

「人生の本質は死への旅行である」

「死刑を宣告されたからといって、今さら悲歎する必要はない」

極刑を思わざるを得ないから、「判決は先方の決めること。心配しても仕方ない」「真の人間らしく正々堂々と努力すればよい。（中略）その結果が万一悪かろうとも、毫《ごう》も悔いることがない」と綴った。

一九四九年一〇月、ランソン事件と同じく、戦闘終了後に処断が行われたハジャン事件――北部仏印の山間の町ハジャンで起こった――の公判があった。

事件の性質が似ているから、公判の結果でランソン事件が占える。

明号作戦の際、日本軍がフランス人の将校と外人部隊の四五人を殺害したとされるもので、容疑者の将校二人はその指揮者として責任を問われた。

裁きを受けた澤野源六少佐、今津順吉大尉は、事件についてまったく関知しないと、自分たちは無実であると予審から主張していた。

ハジャンは東西南北三、四〇〇メートルに満たない街である。そのような場所で起こった事件を大隊長（澤野少佐）、最先任将校（今津大尉・山砲中隊長）が知らないはずがない——そうフランス側は考えていた。

陳述の矛盾を衝《つ》かれる中で、話す内容に変更を重ねたことが検事の心証を害したらしく、二人には死刑判決が下された。

二人は一旦、法廷から仲間のもとに戻ってきた。死刑判決の場合は別室に収容されるため、死刑ではないと思われたが、周囲が見た二人の顔は蒼白で引きつっていた。

鎮目大佐は今津大尉に「今津さん、私もすぐ同じところへ行きますよ」と声をかけた。今津大尉は最期のときまで、受けた嫌疑は人違いによるものだと主張し続けていた。

慣例によって、既決囚となった澤野少佐、今津大尉の二人は衣服をはがれ、独房へと連行された。痛ましい姿だった。

状況の好転を信じていた関係者、特にランソン事件で拘置されている人びとには衝撃であり、「青天の霹靂《へきれき》」（福田大尉）だった。今津大尉については、本人のみならず第三者も「人違い」と証言していた。それにもかかわらず死刑判決を受けた。

死者の数から言えば、ランソン事件はハジャン事件の比ではない。楽観を捨てて覚悟を決めざるを得なかった。

福田大尉は「凡人に過ぎない私、内に深く期するところなければならないと痛感した」と書き、「甘く、物事を観察し、物事の正当なる推理判断を踏み誤ってはならない」と自戒した。

今津大尉の遺書の結び。

身はたとえ　南溟《なんめい》の地に果てるとも　止めおかまし　大和魂
大日本帝国　万歳

階級が上がるほど責任は曖昧に

少尉、中尉、大尉の尉官は、戦場で下士官・兵を率いる立場だが、佐官、将官クラスに比べれば位は低く、命を落とすことも多い。

戦犯容疑者となった彼らを、佐官、将官クラスはいかに見ていたのか。

福田大尉の日記を辿《たど》ると、上級者からの心遣いが記されている。「林（秀澄）大佐のお話を聞く」「馬奈木（敬信）閣下が来てくれた」――。

下級将校が「閣下」である将官や軍の枢要にある参謀のような上級者と話す機会はそうない。だから彼らの温情には感謝の言葉も出る。

だが第三者として、この関係を冷ややかに見る人もいた。

杉松弁護士によると、仏印派遣軍のトップだった土橋勇逸中将は帰国の折に「あなた（杉松）

も存じのように、ランソン事件は私はまったく関係のないことで」と言った。ハジャン事件に関しては、捕虜殺害とは別の不法行為（略奪）を土橋中将も知っていたとされる。そのような人がランソンの捕虜殺害を「まったく関係ない」と言った真意はわからない。

この言葉を書き留めた杉松弁護士は、将官クラスに悪感情を持っていたことを隠さない。陸士を出ていない将校が部下の責任をもとるべく「泰然と構える風」だったのに対して、「将官クラスには大分失望させられた」とまで言っている。

さらにいうと、杉松弁護士は土橋中将が「抑留キャンプの長から降りよ」と兵たちから要求されたことに言及して、その理由を「単に戦に負けたという訳でもないように思われる」と書いている（「自由と正義」所収「戦犯弁護余情」）。

負ければ上層部への風当たりが強くなることは致し方なく、土橋中将については抑留キャンプで「フランス側と結託している」という批判も出ていたのだが、杉松弁護士の回想はそうしたムードを裏書きする。

そもそも杉松弁護士と土橋中将の間には融和的ではない空気があったことは確かで、土橋中将の側では回顧録『軍服生活四十年の想出』で「杉松という弁護士は、弁護しようにもフランス語を全く解さない人であった」と辛辣に書いている。フランスで大使館付武官を務めるなどした土橋中将から見ると、杉松弁護士は力不足に映ったのだろう。

自らも戦犯容疑に問われた大谷敬二郎（東京憲兵隊司令官などを歴任）は著書『戦争犯罪』で述べている。

（上級指揮官は捕虜殺害のような）命令の所在を不明確にした。たとえ、これが実行を直接命令した上官は、その命令の事実を肯定しても、これが中間指揮官、その中間指揮官から上級指揮官へと進むと、その上級指揮官たちは、命令の存在を否定するといった具合に、それぞれの責任を転嫁していた。

上級指揮官とは将官クラス、中間指揮官とは、鎮目大佐のような佐官クラスを指すのだろう。事実は残っても、階級が上がるほど責任は曖昧になった。そして現場を指揮した下級将校が責任を負うことになった。

サイゴン裁判における上級指揮官に対する疑念を、ある下級将校が書いている。

第三七師団の参謀の一人が、チーホア刑務所内のある監房に机を構え、元部下の将校に情報提供を要求していた。「戦犯対策上、師団内で起こったいろいろな事件についてすべて知っていなければはなはだ具合が悪い」というのがその根拠だった。

情報を求められた側の下級将校は「武士の風上にも置けない腰抜けである」「卑怯者である」

とその参謀を批判している。

参謀個人として知らなかったことは、新たに知る必要などない。そんなことをすれば、フランス側に余計なことを知らせることにつながりかねない。戦犯裁判では知っていることも知らないと強弁しなければならないこともあるのだ。情報収集など百害あって一利なし——それがその下級将校の考えだった。だから彼は「師団内の戦犯情報をフランス側に売って身の安全を計ろうと考えているのではないか、と邪推したくもなりました」と書き、監房に机を置いて事情聴取をするなど、フランス側の了解なしにはできないはずだと指摘している。

高級将校の転落

ランソン事件関係者の一人、早川揮一大尉は、「理性においては死を超克した軍人精神を鍛錬していた」はずの高級将校の多くが敗戦後、転落したと指摘する。転落とは潔く死なないことを指す。彼らは、言い訳を見つけて生き延びようとした点で評価し得ないと考えていた。

部下を命令で死地に赴かせた以上、指揮する立場の者は進んで命を捨てるべきだった。

早川大尉は鑑とするべき高級将校のひとりとして、手記中に安達二十三《はたぞう》中将の名前を挙げる。

『日本陸軍将官辞典』（福川秀樹編著）によると、第三七師団の第二代師団長を務めた安達中将は激戦地、東部ニューギニアで米軍と戦った。敗戦後はラバウルで戦犯裁判に立って、一九四七年九月、収容所内で自決した。

たとえば特攻隊のある指揮官は、出撃直前の部下を激励していたという。「諸士が戦場で死んでも、その精神は、楠公が湊川におけるがごとく、必ず生きる。特攻隊は、あとからあとからつづく。また、われわれもつづく」「肉に死して、霊に生きよ。個人に死して、国家に生きよ。現代に死して、永久に生きよ」(『遺族　戦歿学徒兵の日記をめぐって』高木俊朗)

だがこの送り出した人びとは、敗戦を境に傍観者あるいは局外者に変わってしまった。これが若い将兵にとって理解しがたいことなのだった。

戦犯裁判には、通常複数の関係者がいる。そのため関係者の間で打ち合わせが行われる。意見が一致すれば良いが、必ずしもうまくいくわけではない。

坂本大尉は関係者の間で起こったある出来事を書きとめている。それによると、関係者の将校の一人は事件に対する責任をめぐって周囲と異なる見解を呈した。その将校は、責任を一部に限定せず、多くの者で責任をとるべきだと考えていた。

福田大尉はその点について「実質的にあまり関係のないような人たちまでも、事件の渦中に引きずり込」む姿勢だったと指摘している。

なお福田大尉の責任をめぐる考えの一端は以下に示されている。

「死ぬことが必ずしも最上の方法ではない。力の限り生き延びて、少しでも国家社会に貢献するのが人間として一番大切なことである」という意見が果して生命を愛惜する一つの方便として、表面を装うものとなっていないであろうか。

部下や同僚のためにも生きなければ——その考え方も嘘ではないだろう。しかし福田大尉の「生き延びる」という表現からは否定的なニュアンスが漂うし、こうも書いている。「多くの場合、この種の論をなすものは義をあやまるものである。大東亜戦争末期における軍人の失態に引き続いての戦争裁判における軍人の態度がそれである」批判はとりわけ高級将校に向けたものであったのではないか。

坂本大尉の苦悶

坂本大尉は、前に述べたように歩兵第二二七連隊の所属であり、もとをただせば部外者だった。事件では捕虜殺害の兵力として、部下を貸し出すように命じられたが、のちに弁論要旨に杉松弁護士が事件における殺害の事実は争い得ないものと記す一方で、「坂本は例外をなす」と記している。

同じ法廷に立った福田大尉、早川大尉からは、「純潔の至誠により、無実の罪で死んで行くのである」と同情される立場にあった。

だが坂本大尉その人は淡々としており、「死ぬための準備をしなければ」と周囲から促されるほどだった。

本人には、予審から告訴、判決を経て自分が他の将校と「少しも立場を異にするものではない」との信念があった。「三人の若い者は、ただ純一な心のままに国事に捧げた身の喜びを味わっている」という誇りを持っていた。

しかし、「三人の若い者」と限定した点からは微妙な感情があったことが推測される。遺稿にはより上の立場の将校に向けた批判が皆無とはいえない。


坂本大尉はランソン事件のことばかりを考えていたわけではない。男子を失った父、兄嫁、その子である姪のこと、そして郷里の三田を思い続けた。

たとえば坂本家を継ぐ人として決めていた姪のことは、ひとかたならぬ心配をしていた。彼女への別れの手紙として書いた文章の中で、自分が戦犯になったため父や兄嫁が悲しがり、そんな家庭の状況が「あなたを淋しくしないかと心配しております」と思いやっている。

周囲の友だちには両親がいるのに、父は戦没して母しかいない。その母は働いている。

「きれいな服や靴を思うように買ってもらえないのでないこともありましょう」と気遣い、

「私があなたのおじさんとして、何でもしてあげなければならなかったのですね」と自分の境遇を嘆いた。坂本大尉には念じることしかできなかった。

おじさんはもう二度と日本に帰って美恵ちゃんと一緒に歌を唄うこともできなくなるのです。私のことであなたが悲しい思いを人から受けることのないように神さまに祈っています。(中略)だんだん大きくなって、いろいろのことわかるようになると、また淋しくなるかも分かりません。

子どもの声が獄中に聞こえるとこんな歌を詠んだ。

幼な子の声を聞く度に思うかな　兄のかたみの子の身いかにと

「祖国再建への一つの礎石」

ランソン事件関係者で死刑を受けた四人の中で、早川大尉だけが陸士出身ではなかった。早川大尉はすでに結婚していたらしいのだが、戦犯容疑者の妻であることが、生きる上で障害にならないはずがない。相手のことを手記に残していないのは、夫が戦犯容疑者となった人への配慮だったのか、あるいは『死して祖国に生きん』に引用するにあたって杉松弁護士が割愛したのか、どちらかはわからない。

早川大尉にも、同世代の福田大尉、坂本大尉が残したような膨大な量の手記があったはずだ。だが『死して祖国に生きん』に収録された「靖国旅日記」「朝露残筆」のオリジナルも私家版の出版物も見当たらない。だからサイゴンに来てから判決までの心の動きは詳しくたどれない。
遺族のひとりは、東京郊外に住まっていたことがわかったが、住所録にあった電話番号に連絡したところ、すでに使われていなかった。

自分が死を定められた理由を、早川大尉は「大義」を実践したからだと考えた。フランスとの利害で衝突し、弾劾されたためではない。

大義とは作戦に属することである。その作戦の命令のもとに個人の行為は存在しない。
「(捕虜の殺害は)何等吾人の意志乃至《ないし》行為には関係なき行為である」から、「全く無意義な無価値な心なき業であるにすぎない」と考えた。

命令の合法性、違法性をめぐる議論などしない。命令とは実行するだけのものだったからだ。正義か不正義かという判断も生じようがない。

またこうも言っている。
「過去の義の実践行為に対する他の曲解、歪曲による犠牲の強要として吾人の意志に拘らず強制されたる死である」
「過去の義の実践行為」とは捕虜殺害を、「他の曲解、歪曲」とはフランスによる裁判を指すとは言うまでもない。

早川大尉は自分たちの死自体に意義を認めなかった。その死が民族に対する「報復」の一部だと理解されたときにこそ価値を持つと考えた。

心にあったのは祖国の未来だった。「義の実践」をしたかった。「祖国の再建に、産業建設に貢献し、また人類文化の昂揚に何らかの点において寄与すること」を願い、また「人類正義に対する一つの大きな反省の因子となり又祖国再建への一つの礎石」となることを願った。

死を意義あるものにと念じた結果、それが「祖国再建への一つの礎石」だとする考えに行き着いた。信じていたのは「大和民族の民族精神」を突き詰める自分の死が「必ず民族の血潮に永遠に生き得る」ということだった。

獄中手記は、思考の行き来を示すのだろう、同じ意味のことをさまざまな言い回しで語っている。言葉はときに晦渋《かいじゅう》である。確かなのは、次代の日本人に伝えられることによって自分の死が意味を持つと結論づけたことだ。

早川大尉は見知らぬ同胞に自分の死の意義の成立を託したのである。

「気難しいところがある」「謡曲をたしなむ」「正座して精神統一してそのまま三〇センチほど飛び上がる芸（?）を部下たちに指導した」――このようなことが、ランソン事件関係者四人中、最年長だった鎮目大佐の人柄や行動を示すものとして資料に残されている。

鎮目大佐本人の遺稿――その一部と思われる――が杉松弁護士の編著『死して祖国に生きん』で「つれづれ草」という題の日記として紹介されている。それは一九五〇年一月二六日の判決後から記されており、冒頭にこうある。

「最近の起居は何の希望もなき人生としては、概ね意義のない日を送って居るのである」

希望のない人生、意義のない日と言うあたりには飾らない人柄が感じられる。初老の人らしい諦観でもあろう。我が身が亡びようとも、死の意義を見いだそうとしていた三人の大尉とは趣が異なる。

敗戦後すぐにイギリス軍の監視下に置かれ、「(敗戦から) 五年間何をして来たか、曰く、簡単で、何の仕事もして来ない」と述べる部分もある。

しかし無気力であったわけではない。

「生まれながらにして神よりこの境遇を運命づけられたと思えば、悲観もなく、不満もなく (中略) 何事か為さんとする勇猛心も起って来る」と。そして妻子ある人らしく、それぞれに亡き後のことを託す言葉を綴っている。

訴追と免責の別れ道

一九四九年一二月、ランソン事件の予審が終わった。期間は一年半に及んだ。

予審判事ポルテ大尉が書いた「免訴並びに移送命令」(一九四九年一二月一三日付) が、法廷に送られる四人と、その他の者を分けた。その結びの一文。

前記、鎮目武治、坂本順次、福田義夫、早川揮一を法に従って裁定されるべく西貢常設軍事裁判所に移送する。

チーホア刑務所に抑留されていた事件関係者の二二人中、訴追は現場で命令を直接下した連隊長一人と命令の実行責任者である中隊長の三人、合わせて四人に絞られた。作戦全般について指導助言する立場の参謀、その上の師団長、司令官は罪に問われなかった。実際に殺害を担った末端の人びとも同様である。BC級裁判の特徴の一端が表れた。

起訴状は、鎮目大佐が「(三人の) 大尉に指示を与え、故意に同町 (ランソン) 衛戍《えいじゅ》部隊の仏人俘虜五〇〇名を殺害せしめたる」と、福田大尉と坂本大尉は「指揮下にありし歩兵第二二五連隊所属の日本軍人に対し指示を与え (中略) 俘虜若干を故意に殺害せしめ」、早川大尉はランソン地区警備司令官を部下に「故意に殺害せしめ」と指摘していた。

訴追か免訴か。それはこんな風に分けられた。

鎮目大佐の副官は、命令を連絡将校として関係者に伝えたことは事実だとしても、命令自体を議論することも、命令の実行にあたった他の者に強制することも権限になかった。だから「共犯」ではない。そう判断されて免訴になった。

日本軍において命令の是非を問えない点は、杉松弁護士、馬奈木中将らが絶えず主張してきたことであり、その観点が一部の関係者に対して適用されたということだろう。

処断の現場にいた将校も免訴になった。中村武弁護士が責任を論じた、第三七師団の参謀も免訴され、処断の実行役、それも現場の責任を持つ将校だけが起訴されたことになる。

裁判の当初、フランス側は感情的に、死んだフランス人の数だけ日本の軍人を犠牲にするとも言われていた。フランス人が一人死亡していれば日本人一人を死刑にするという具合で、「十対十の報復裁判」とも恐れられていた。ランソン事件において訴追される対象が四人に絞られたことは、事件の規模で見ると軽くなったと言えるかもしれない。


免訴される者たちには翌日一四日、フランス側からその旨が伝えられた。彼らは握手を交わし、「おめでとう」と小声で言い合った。

その日の夕食が終わると、鎮目大佐が将兵を集めて挨拶し、多くの釈放者が出たことに「こんなにうれしいことはありません」と述べた。同時に、若い将校が起訴されることを悔やみ、責任は自分にあると話した。我が身のことは「最期は、日本武士として恥ずかしくないよう、堂々たる態度でありたいと思いますし、また必ずそうできることを信じていますゆえ、何とぞご心配なきよう――」と語った。

福田大尉は「旧部下の誰にも迷惑をかけることのなかった」ことを喜びながらも、「我が身の運命を呪うような気持ちが、一瞬しないでもなかった」と述べている。

釈放の日、刑務所の玄関口まで見送り、握手をして分かれた。泣き出す者、唇を噛みしめる者とさまざまだった。釈放された関係者たちは帰国の日まで、法廷に立つ仲間のためにとノート、ミルク、パン、砂糖、石鹼などを差し入れて助けた。

「人生最大の試験勉強」として過ごす

公判は一九五〇年一月二五日に開かれることになった。四人は各々備えた。それは概ね精神的なものだった。

福田大尉は予審の最中だった一九四九年七月、法廷を意識してのことだろう、「弱虫なるなかれ、強き虫たれ」と自分に言い聞かせている。さらに八月、「公判要領——はっきりと、系統整然たること　イエス、ノウの明確、前後理由を明確的確に」と書いている。

また「神経質であってはならない」と考えた。死の可能性を前にして神経質にならないほうがおかしい。だからこそ覚悟を決めようとした。

「私も日本将校として雄々しく進もう、結果なんて考えまい。——日本将校としての矜持《きょうじ》を示す時機は到来しつつあるのだ」と。

事実を争えないなら日本人として、将校として潔さを証明するだけだと考えていたのだろう。あとは公判に向けた毎日を「人生最大の試験勉強」と思いながら過ごすだけだった。「公判陳述書類」の作成はその中のひとつだった。

明けて一九五〇年一月、「公判に臨む腹が決っ《ママ》た」という確信に達して、「喜びに堪えない」と福田大尉は書いた。この境地に達したのも、杉松弁護士の「崇高にして御熱誠なる御指導御教示」によるのだった。

同月一一日、恐れていた起訴状をついに受け取った。長い間、心を占め続けていたことだけに「良かった」「何とはなしにありがたく感謝の念」が去来した。

公判が開かれるこの月だけで、福田大尉は六回も杉松弁護士の指導を受けた。そしてそのことを喜んだ。

同月の日記には、「山崎剛太郎氏十六日キャンプ到着の由、通訳の問題も解決」とある。ユエ憲兵隊事件で起訴、有罪判決を受けた外務省元書記生の山崎剛太郎さんは刑を受けて南シナ海の孤島プロコンドル島に送られていたが、この月の一六日、刑の執行が停止されてサイゴンに戻ってきていたのだ。フランス語に堪能な日本人の到着は、裁判を前に援軍を得る思いにつながったはずだ。

公判の延期

公判予定日の四日前、福田大尉は通訳から召喚状を受け取った。その際、裁判長は新たにフランス本国から来た人物であり、それは結構なことで、裁判では要点だけを簡潔に述べたほうが良いとの助言があった。

検察側の証人は日本人二人ということも聞き、福田大尉は心を明るくした。従来、裁判が仮にうまく進んでも、フランス人の証人が出ると憂慮すべき状況になることがあったためだ。日記には「法規に照らし重大なるを忘れてはならない」と書いた。厳粛な刑を受ける可能性を覚悟しながらも「堂々と頑張り抜く、希望を以《ママ》って最善を尽す」つもりだった。

一月二三日、杉松弁護士から最後の指導を受けた。

公判前日の一月二四日、杉松弁護士はフランス側に慈悲を願う手紙を出している。それはシンガポール裁判で自らが担当したケースにおける寛大な裁判の結果を紹介しながらのものだった。

公判予定日の一月二五日、四人はチーホア刑務所から車で裁判所に送られ、控え室で待機した。抑留キャンプから来た馬奈木中将以下、佐官クラスが励ましの言葉をかけた。

この日は結局、開廷直前に判事一人が欠席となり、裁判長がフランス人弁護人三人の同意を得て、翌日への延期を決定した。

福田大尉は前日から体調が優れず、さらに移動の車に酔っていた。裁判所の中の様子がわかって良かったと思った。「案外、直面すれば落ち着いてやれそうと思い意を強うした」と日記に書いた。

杉松弁護士からは、「冷静にやれ」と言われた。最後に何か言うことはと聞かれても、「ないとあっさり言え」などと助言された。

言葉数を増やすことが災いになることを、裁判最後の局面に至っても杉松弁護士は懸念し、四人の将校も心にとどめていた。

第八章

判決

精神力に頼った軍隊は、敗れても人に犠牲を強いた私は決して憐れなる犠牲ではない。

坂本順次大尉

「軍紀の要素は服従にあり」

一九五〇年一月二六日、予定より一日延びて公判が開かれた。鎮目大佐以下、坂本大尉、早川大尉、福田大尉の四人全員が死刑判決を下された。

福田大尉はこの日のことを数行で記したのみ。無事で済むと思っていたはずもない。早川大尉は「公判の結果、連隊長、坂本、福田両大尉と共に四名全員死刑の判決を受く」などと短く日記に書いた。

傍聴記録は他のサイゴン裁判の事例では残っているものの、ランソン事件は見つからない。公判の様子は、福田大尉の遺稿集に詳しく書かれている。他の資料と併せて、判決に至るまでを同書をもとに辿る。

公判は、午前九時頃に始まった。

最初は被告たちへの尋問である。

鎮目大佐はそのなかで、あくまで個人の責任において、独断で止むに止まれず殺害を実行したと強調した。

次いで坂本大尉が質問を受けた。関係者の証言を交え、命令に対する判断について詳しく問われた。裁判長は坂本大尉の陳述に納得しなかったようである。

裁判長が次いで「部下に命令を実行させたことをどう思うか」と尋ねた。反省を求めるかのようだった。

坂本大尉は「命令は実行あるのみ、個人の意志は二義的である」と端的に応じた。

その様子を見た福田大尉は「うまく頑張ってくれた」と思った。

三番目に福田大尉、最後に早川大尉が質問を受けた。二人に対する質問は簡単なものだった。

証人として第三七師団の参謀長、恒吉繁治大佐が立ち、鎮目大佐による捕虜殺害の決心が止むを得なかったことを証言した。さらに河野武夫中佐が同様に証言した。また馬奈木中将は、事件当時、仏印の日本軍が置かれていた切迫した情勢、日本軍の命令の本質を証言した。「仏印に於ける戦局」と題した本人による資料によると、戦局は次のような見通しだった。

一九四五年一月の米軍機動部隊による仏印爆撃をもって、日本軍は米軍の仏印上陸が近いと判断した。明号作戦の目的も仏印軍の武装解除から「強大なる米軍と戦う準備」に変わった。主力の上陸地点はトンキン地方（北部仏印）と判断していたから、各部隊の指揮官が「普通の手段では今後の作戦に勝ち目を見い出し得ぬ」と考えたのも当然だ。米軍との決戦を前に、大量の捕虜を養う余裕などなかった――。

これは捕虜殺害を是認したり、積極的に支持したりするものではない。ただ、それが止むを得なかったことを示唆するものだった。

馬奈木中将は判決後、嘆願書に添付して提出した「日本軍命令の特質に就いて」で、日本軍は天皇が直接指揮していること、それを軍人は名誉としており、命令を至上のものとしていることなどを述べた。

たとえば軍隊に入れば誰でも暗記させられる「軍人勅諭」には「我国の軍隊は世々天皇の統率し給ふ所にぞある」「上官の命は朕が命令と心得よ」などとある。軍の統率者は天皇であり、繰り返しになるが、命令を拒むことはできない。その絶対性は、右の軍人勅諭のみならず、陸軍刑法、作戦要務令などによって規定もされているのだ。

陸軍刑法は「抗命」について「命令を下すべき権ある者の命令に抗し若《も》くは服従せざる者敵前に在ては死刑に処す」と定める。

作戦要務令は「軍紀の要素は服従に在り」と言う。

つまり将兵にとって命令を「即時に、機械的に、文字通りに」実行することは習性であり、命令が不法でも実行するし、実行者をもし処罰したら、命令に服従する習性を破壊することになる。

それは日本軍の崩壊にもつながる――このように主張するのである。

死地における責務

午後に入ると、第三七師団参謀の村井利夫大佐が証言した。

その後、フランス側の検察官が論告を行い、次いで杉松弁護士の弁論に入った。限られた時間での弁論に終わったため、長文の「弁論要旨」のすべては主張できなかったに違いないが、命令に対して不服従という選択肢はないこと、捕虜殺害は一見して凄惨でも「戦争行為として正当であり、当然に是認せらるべきもの」であり、これを謀殺とすることは法理上許されないと主張するものだった。

杉松弁護士は、戦中の日本人には、明治維新以来の日本の海外発展を阻む「外国勢力の不当なる障害を破砕するという正義感」があったと論じた。それが「大東亜戦争を合理づけようとするものではない」としながらも、アジアの解放という大義が日本軍にはみなぎっており、その気魄《きはく》は仏印にも向けられていたと語った。

捕虜殺害は、アジアを解放する正義の戦争の中で、作戦行動として絶対服従の命令を実行する中で生じた。それは日本人全体の精神に沿ったもの――「国民気魄の反映」――だというのだ。

杉松弁護士の「弁論要旨」は日本人の精神性を掘り下げて論を構成するものだった。

日本人は国家を基礎にして個人を考える。「国家のため」「天皇のため」にいかなることもなすという姿勢はときに盲目的となり、国家の安泰のために命の価値も形式的に否定する。それがたまたま、敵側に対して表れたのが捕虜殺害だ。捕虜を殺してはならないことはわかっていても、それをしなければ国家の安泰が危ういとなれば、実行する——これが日本人であると主張した。

そして次のように言う。

何等残虐的意志の存在がなく、単に国家防衛の意欲に燃えているばかりですから、その行動は決して個人的戦争犯罪の範囲に属するものではありません。

国家のための行為に犯罪の意図などない。だから戦争犯罪にも該当しない——そういうことである。

ほかにも捕虜殺害の理由として、勝機をつかむために「非常的処置」をとるのは当然で、戦闘で兵力を損じた中で、次期作戦への準備、連合軍と結びつく勢力の排除など、戦略上の必要に基づくものであり、「本質的には守備的な行動に過ぎない」とまで言い切っている。

強弁のようだが、次のように繰り返した。

戦場の状況に応じ非常の決心を以ってこれが打開を計るべくその必要的処置を、作戦遂行の一環として即応的に実行したるものであり、その間一点の私心もなく、対敵憎悪の感情もなく（傍点引用者）、また何等の奸計も持たざるものであります。

「個」ではなく、日本人という「種」のための行為だったのだから、「個」がその是非を問われ、責任を負うのはおかしいと論じるのだった。

　杉松弁護士のあとにはフランス人弁護人が立った。鎮目大佐を担当するアヴァゼリー、坂本、福田両大尉を担当するモルトー、早川大尉を担当するブリエールの三人である。フランス人弁護人の中にも、彼らの行為が犯罪にあたらないと主張する者がいた。

　戦争は個の行為でなく国家の行為だ。国家の命令も、それが不当なら拒めると考えるのは戦後的な見方だ。『戦艦大和ノ最期』を書いた作家の吉田満はそうした欺瞞《ぎまん》に厳しく応じている。

「これ（作品）を戦争肯定と非難する人は、それでは我々はどのように振舞うべきであったのか、我々は一人残らず召集を忌避して死刑に処せられるべきであったのか、或いは極めて怠惰な無為な兵士となるべきであったのか」

　死地において懸命に戦うこと、命令に従うことは逃れ得ない責務である。ランソン事件関係者にとってもそれは同じことだった。彼らは怠惰かつ無為な将校になるわけにはいかなかったのである。

「戦争の本質は非人道」

福田大尉は法廷でのやり取りを詳しく記録している。質問は同じ意味のことを執拗に聞くものだった。

「連隊長命令をどう思ったか」

「なぜ命令を承諾したか」

「責任はどうか」

「処断の行為をどう思うか」

「捕虜処刑は不法だと思わないか」

「捕虜を殺害したか」

命令を受け、不法と知りながら実行したのではないか。不法と自覚しながら命令を実行したなら、犯罪だ——そういうことだろう。

福田大尉は回答において、事件は戦闘に従っていた最中のことである以上、すべてが戦闘行為であるという論理を貫こうとした。曰く、日本軍では命令の是非を考えることはないし、批判もできない。個人の意志は働いていないし、善悪の判断は挟み得ない。命令を受ければ、特に敵前では実行あるのみだ。命令を承諾するもしないもない。

命令に従っただけだが、それも止むを得ないものである。もしそれで責任が生じるのであれば、回避する気などない。連隊長一人に責任があるなら、むしろ自分が代わりに負いたい。捕虜殺害は一般の論法で言えば不法であり、非人道だが、当時は軍の死活のかかったときであり、その行為は正当防衛だ。

「戦争の本質は非人道である」

福田大尉はそうも言った。精一杯の正論であり、反論だったろう。

戦争が非人道なら、その方法も非人道になろう。戦争において人道を問うことは無理である。

銃剣を打ち下ろして殺したのではないかと問われると、福田大尉は「刺突である」と応じ、刺突は「日本軍の戦闘方式」だと主張した。

法廷に提出したと思われる陳述書にも捕虜の「殺害」とは書かれていない。「捕虜攻撃」という表現が使われている。

剣による殺害はむごい。フランス側にそう認識されていたのだろう。使用した理由も問われたが、次期作戦に急ぐこと、銃の不足などを挙げて応じ、残酷な意味はないとした。

すべて戦闘状態だった以上、犯罪の意図などない――そういう主張だった。

判決後の感懐

鎮目大佐を担当するアヴァゼリー弁護士による弁護のあと、法廷は休憩に入った。四人は一度刑務所に戻った。

裁判長は法廷で裁判官たち――フランス式の裁判は複数の裁判官による合議で判決が示される――に設問を示していた。

おおまかにいうと「捕虜の殺害は戦争法規や慣例によって正当化されないものであるかどうか」「殺害が予謀によってなされたものかどうか」「鎮目大佐、坂本大尉、福田大尉、早川大尉がそれぞれ有罪かどうか」を問うもので、これに対して裁判官たちが秘密投票を行った。

結果は、すべて「ウイ（然り）」だった。

その後、再び開廷し、午後五時過ぎ、四人に判決が伝えられた。

「被告……モール（死刑）、被告……モール」と続いた。

「駄目だったか」と福田大尉は思った。

結果は連合軍から内地の関係機関にも伝えられた。


判決のときに撮られたという写真がある。

四人は開襟シャツに長ズボンを着用し、唇を結んで立っている。フランス人が彼らを取り囲むようにしている。彼らの服装は半ズボンに長い靴下だったり、上下白のスーツだったりする。

一月の終わりのサイゴンは乾期の最中である。朝晩はやや涼しい時期だが、写真は暑い南国の空気を伝えている。

三田中学でバスケットボール選手だった坂本大尉は背が高く、とりわけ目立つ。早川大尉は顎を少し上げ意志的な表情をとっており、昂然《こうぜん》という言葉を想起させる。小柄な福田大尉は淡々とした印象である。若いはずの三人だが、老成して見える。

鎮目大佐はすでに引退した老境の人の姿、職業軍人という言葉から想起するいかめしさは感じさせない。

福田大尉は日記に何の動揺もないと書く一方で、これまでのあらゆる努力もむなしく敗れたと書いた。動揺はないと言いながら、恨み多きことだとも書いている。何とかこらえようとする努力を払っていた。

坂本大尉は公判から一カ月ほどたった三月、死刑が「単なる個人の犯罪に対して今の自分にあたえられたるものと思っていない」と書き、「日本民族の一員としてフランス民族に敗れたために払うべき犠牲として自分が唯今の境遇にある」と所信を述べた。

早川大尉の公判当日の日記には「公判の結果、連隊長、福田、坂本両大尉と共に四名全員死刑の判決を受く」とある。「敷島の朝日に匂う山桜　御国《みくに》嵐にいざや散りなむ」と歌を詠んだ。国家危急の時に死ぬという気概だ。戦争は終わっていなかった。

鎮目大佐の手記に公判当日の記述は見えない。感懐の程はわからない。三月になって、死刑になって前途に希望なく、意義のない毎日を送っている旨を書いている。

助命嘆願書をめぐる不都合

判決の翌日（一月二七日）、杉松弁護士と山崎通訳がチーホア刑務所に四人を訪ねた。杉松弁護士は、刑務所側に「間違いはないから、彼らに手錠をはめないでくれ」と依頼した。四人は刑務所一階の廊下に出てきた。杉松弁護士の目には全員が落ち着いて見えた。人間が心底安心した顔つきを見るようであった。

鎮目大佐が「敬礼！」と号令をかけた。

不動の姿勢で全員が一礼したあと、杉松に礼の言葉を述べ、「誰も死刑の判決を受けたと信じておりません」とも笑いながら言った。

早川揮一大尉は「高笑朗談」のうちに過ごしたと書いている。「性豪放」と評された人らしいが、そうでもしないと、やりきれなかったのだろう。

判決は出たが、杉松弁護士は判決後にフランスの破毀院《はきいん》に上告している。

裁判そのものは一審制だが、上告は判決の日が満了してから二四時間以内に可能だった。刑務所もしくは裁判所で入手した用紙に所定の事項を記入、提出する。

破毀院は、事件そのものを審理せず、裁判が法的に定められた手続きで行われたかを見る。そして手続きを正しく踏まずに起訴されて判決を受けた場合にのみ、裁判のやり直しを命じる。

法廷ではこうした上告の意義、期待を持ってはいけないこと、所定の手続きを経ない裁判はほぼないことなどの説明がなされていた。それでも判決を受けた人びとは、上告すなわち再審あるいは控訴と思い違いをして、約二週間を要する回答を心待ちにした。

上告について、関係者による記録では「溺れんとするもの藁をも摑む心理が働くためか、裁判末期まで一様に無意味なる上告をなした」と冷淡に報告されている。

もうひとつ、助命嘆願書を出す道が残されていた。それ自体は戦犯裁判において珍しいことではなく、弁護士、祖国の家族、友人によるものが判決前にも判決後にも提出された。

杉松弁護士はこの嘆願書について、シンガポールでもサイゴンでも、関係者や家族からおびただしい数を受け取ったと言っている。

福田大尉の場合、一九四八年一二月に郷里から嘆願書が届いている。父母や家庭の状況、福田大尉の人柄を証言するものだった。約七〇〇〇人の署名は分厚い一冊にまとめられていた。

杉松弁護士の前任の中村弁護士は、家族や親しい人が書いた嘆願書は「戦犯者の神の姿、平和な時代の姿だけしか知らない」人びとが書いたものであって、平時における人格や振る舞いを持ち出して訴えることに意味はないと見ていた。事実、戦犯容疑者の人格に興味を示さず、戦争犯罪の事実に絞って考える傾向は、戦犯裁判で裁判所側が示すひとつの姿勢だった。

だから戦犯容疑者の良き人柄を強調する嘆願書は意味を成しにくい。しかし希望は理屈によって消されるものではない。

判決から四日後の一月三〇日、福田大尉の日記には「山崎氏（剛太郎）が先生の代理として来て下さった」とある。

山崎通訳は、杉松弁護士が用意した嘆願書の概要を説明した。それによると嘆願書は「命令が不可避のものであったこと」「命令を実行しないことは日本軍の崩壊を意味し、ありえないこと」などを強調するものだった。

同じ日、福田大尉はシャツに歌を書いた。

あなうれし　散りゆかん哉　笑いつつ　國に盡《つ》くせし　我が身なりせば

歌の脇には「南溟越南の辺土に護国の一礎石たらんと期しつつ」と添えた。死刑判決に悲しく、残念な気持ちがあった。後日、そのシャツは大分の故郷に届けられた。

歌と添えた言葉の意味は明白だ。自分は軍人として国に尽くした。たとえ刑死するとしても、それは喜びである。国を守る礎となるのだ――。

これは杉松弁護士の強調した考えそのものだった。彼が用意した嘆願書は二月一七日、関係者四人と弁護士の連署で、宛て先をフランス大統領として提出された。

助命嘆願書はもうひとつ作成された。一月三一日には裁判で検事を務めたホンタ大尉が、坂本、早川、福田の三大尉のために起案、作成してフランス大統領宛に提出したのである。

裁く側にあった人が嘆願書を出した背景には、馬奈木中将をはじめとする日本側の働きかけがあった。

「裁判では検事として正当な論告をしなければならず、裁判が終わると日本側弁護人になって活動しなければならない」

ホンタ大尉はこう周囲に語っていたという。鎮目大佐は独断で処断命令を下した旨を証言していた。そのため死刑判決はやむを得ない。しかし三人の大尉は助命されるべきなのだ、と。

坂本大尉は三人を対象とする嘆願書が「われわれ部下たる三人の地位と公判の態度に同情するものがあって」作成されたと語っている。一方で、戦犯裁判が多分に政治的であり、決定事項を覆して減刑となることは至難と理解していた。それでも裁く側のフランス人から同情を寄せられたことを心強く感じたのだろう、坂本大尉は「至誠あるものの心は人種の区別も地位の如何も問うところなく必ず通ずるものがある」と綴った。

ホンタ大尉による嘆願書の提出には不都合もあった。

まず鎮目大佐一人を外して嘆願書をつくることは「人情としてできぬ」（馬奈木中将）という感情が関係者の間にあった。さらに嘆願書には三人の大尉が署名しなければならない。署名は日本側で三人に行わせるのだが、そうなると雑居房で起居をともにする鎮目大佐に配慮しなければならない。このことに、抑留キャンプの日本人は苦慮した。

同じ刑を受けた四人を、命令者と受命者で分けて考え、嘆願の対象を決定する。

合理的であっても鎮目大佐からすると不満だろう。死刑を「来るべきものが来た」と受け止めた鎮目大佐ではあったが……。遺稿には嘆願に関する記述は見当たらない。

坂本大尉は日記において、鎮目大佐がこの対応に釈然としない感情を抱いているようだと指摘している。

杉松弁護士は、ホンタ大尉による嘆願には同意していなかったらしい。彼自身が四人のために嘆願書を出していたこともあろうが、坂本大尉はその心理について「フランス軍人に屈してまで生を得ようとすることに不服なのかもしれない」と推測している。

命令者と受命者を分ける考え方は、捕虜殺害がそれぞれにおいて止むを得ない行為だったとした、杉松弁護士の弁論要旨と相容れない。それで三人のみの嘆願書提出に賛同しなかったのではないか。命令者も受命者も責任なしと主張した以上、その節を曲げることはできなかったはずだ。

ベトナム人政治犯たちの同情

嘆願書のやり取りの最中の二月三日、四人はチーホア刑務所からサイゴン中央刑務所に移された。そこには先立って死刑判決を受けたハジャン事件の澤野少佐と今津大尉がいた。

中央刑務所はサイゴン随一の繁華街であるカティナ街（現ドンコイ通り）に近いため、周囲は早朝から夜まで馬車の音や物売りの声が絶えなかった。

中央刑務所の囚人は日本人戦犯だけでなく、フランス人、ドイツ人、イタリア人もいた。さらにベトナム人の政治犯が多くいた。政治犯とは、植民地支配への抵抗運動に関わった者たちで、独立運動に燃える彼、彼女らの存在は、刑務所の雰囲気を明るいものにしていた。

朝、囚人たちは『進軍歌』と名付けられた独立運動の歌（現在の国歌）をいっせいに歌った。男の囚人たちは、「モッハイ、モッハイ（イチ、ニ、イチ、ニ）」と掛け声を張り上げて行進訓練をした。フランスと戦った日本人戦犯に、政治犯たちは共感、敬意、親しみを隠さなかった。


既決者は獄中で、ほぼ裸の状態で起居し、大小便は房内の桶《おけ》にした。

ランソン事件の四人は、前述の通り、ハジャン事件の澤野少佐、今津大尉の二人とともに六人で一室に起居した。

食事は次のようなものだった。朝六時頃に塩干魚の揚げたもの、粥《かゆ》、お茶。九時に肉か魚に野菜、赤米の飯。三時が夕食で、九時の食事とほぼ同じものにスープがつくなどした。量は豊富で食べ残すほどだった。甘味もタバコも十分だった。

全員が足枷《あしかせ》を常時はめられていた。赤錆の生じた足枷は丸太状の鉄棒に通されている。身動きは自由にとれない。それぞれ足許のあたりに便桶が置かれ、そこで用を足した。鉄棒を軸に前後左右に動けるだけだった。足枷の生活で脚は床とこすれ、脛毛《すねげ》は薄くなった。

午前と午後の二度、水浴の時間があり、そのときは足枷が外された。未決の頃にはあった刑務所内の庭の散歩はできなかったが、好意的な看守のときは、足枷を外されて、室内を歩き回ることができた。

西南に向いた壁の高いところに半円形の窓がふたつあった。太い鉄柵がつけられていた。そこから空と豊かに茂った街路樹の梢が見えたが、日光が入ることはほとんどなく、次第に肌は白くなった。たまに光が差し込んでくると、それをみんなで喜んだ。スズメの訪れも喜んだ。壁を這って虫を捕食するヤモリの姿も目を楽しませた。

紙で机、タバコ入れ、吸い殻入れなどを自作した。朝食の粥を糊《のり》にして差し入れの新聞や雑誌を貼り合わせ、原紙としたのである。

早川大尉を師匠に、若い三人は謡曲を毎日練習した。夕方から始めて、暗くなるころまで一時間ほど、大声で続けた。看守たちから注意されることもなかった。

身体の自由がないから自殺などできない。真実に残された自由は、思うことだ。思うことは、人間の誰もが奪われない最後のものだ。

四人の中の一人は残りの生命を「ギリギリギリと音を立てながら燃えている」と形容した。それを意識しながら、遺書を書き、日記を書き、親しい人たちに手紙を書いて思いを残そうとした。想念の流れるままにすることは耐えがたい。書きとめて、いつか人に読まれる期待もした。

「ノート」の自作と手記執筆

坂本大尉が鉛筆で丁寧に書きつけた文章を、私は実物で読むことができた。自作のノートに紙の余白がなくなるまで、びっしりと小さな文字で書かれている。鉛筆の入手もままならず、日本人抑留キャンプからの差し入れに感謝しながら書いた。鉛筆の色は七〇年の年月を経てなお鮮明である。

七〇余年前の若者が、死刑執行までの時間で何を考えたのか。

ノートの紙質が、必死で何かを書き残そうとしたその心を伝える。粗悪なザラつきがあるのだが、やや厚みのあるトイレットペーパー、新聞の印刷のない部分などを貼り合わせてつくられたものである。

福田大尉の日記はノート一冊。一部は普通のノートだったが、それ以外は、新聞や雑誌の余白を、一センチ幅に飯粒で糊づけしたものであった。鉛筆を削るにも自殺防止のため小刀など与えられないから、監房の床にこすって研いだ。

福田大尉が書いた文字は一二六万字に及んでいた。

早川大尉の遺稿によると、ノートの自作は、日本人キャンプが閉鎖された一九五〇年五月以降に始まった。本の活字のない部分に唾液をつけ、細長く切り取ったものをつなぎあわせてつくった。表紙は雑誌の紙を数枚貼り合わせ、外側をトイレットペーパーで覆った。

一〇〇ページのノートをつくるためには、終日作業をしても三カ月から四カ月を要した。澤野少佐、今津大尉処刑後の五〇年六月から八月まで、四人全員がノートづくりに精を出した。

繰り返すが、彼らは家族をはじめ、誰かに読まれることを望んでいた。福田大尉の手記を包んでいたと思しい封筒には、こう書いてある。

「心ある人への切なるお願い　此の手記を以下の宛名に送って下さい」

手記は「死刑されんとする人の子」が「悲嘆に暮らしている父母へせめてもの慰めにと綴った手記です」と言うのだった。

抑留キャンプの日本人がすべて帰国したあと、日本に向かう船便に何らかの方法で乗せてもらったのではないか。日本で誰かがそれを郵便物として故郷に送ってくれることに望みを託したのではないか。

それは福田大尉の実家に無事到着し、家族の読むところとなった。


二月八日、上告が棄却された。

二月一七日。この日は、テトと呼ばれるベトナムの旧正月の元旦にあたっていた。朝にコーヒーが出た。粥も白米で、夜には街ではぜる爆竹の音が聞こえてきた。

月が変わって三月。事件の発端となった明号作戦から五年が早くも経った。鎮目大佐は「光陰矢の如し」の感慨を持った。

三月の終わり、祖国では春の花が咲く頃、坂本大尉はこう詠んだ。

　ふるさとも花の盛りとなりにけり

吾も散りなんその花のごと

郷里の里山の花を思っていたのだろう。

軍人として「生きて虜囚の辱めを受けず」と教えられていた。生き長らえることのみを望むのではないが、坂本大尉は「決して自決などすべきでない」と思い、命の限り、自らの正義を主張するべきだと考えていた。

鉄扉の穴から先行く人を見送る

一九五〇年三月二九日、サイゴン裁判で最後の公判――明号作戦時の捕虜殺害と八月一五日以降の処刑を含むタケック事件――が終わった。

死刑執行は判決から六カ月を置くのが慣例だった。書類がフランス本国に送られ、手続きを経るにはその程度必要だった。しかしあくまで目安で、期間には長短が生じた。

実際の執行は直前まで本人に予告されることはなく、早朝に行われるのが通例だった。

この年の五月一一日午前五時頃、看守が数人、監房に来た。

早川大尉はその前に街路に馬車が通る音を聞いていた。起きようとしながらも毛布を被ったままだった。そこに鉄扉を開ける鍵の音がしたため半身を起こした。

監房に入ってくる検察官を見て、「さあ出発だ」と思った。誰かに手記を託すことを考えた。坂本大尉も物音に目を覚ました。窓外は暗かったが、「来るべきものが来た」「いよいよ出発」と思った。戦場での払暁攻撃を思い出した。

福田大尉は「来るべきものが来たか」と観念した。死刑執行となれば、寝込みを襲われたようで、冷水を浴びる思いだった。覚悟していたつもりでも、そのときが来れば「一種独特の深刻なるものに心が刺される」のだった。叫びたい思いになった。やがて「落ち着け」と自分に言い聞かせ、「安らかに逝け。強き信仰を持て。平安たれ」などと心中に叫んだ。入り口の方を見ると、馬奈木中将、杉松弁護士の姿が見えた。

だが、ランソン事件の四人は一度足枷を外されると、再び足枷をされた。

「ランソン組は今日はやらないのだなあ」と早川大尉は了解した。

検察官は、先に判決を受けていた澤野少佐、今津大尉の名前を呼んで、刑執行を告げた。その一週間前、澤野少佐は刑務所生活の改善要望をフランス側に求めたばかりだった。

「死の呼出」と福田大尉はこのときのことを日記に書いた。

坂本大尉は「単なる予行演習だけですんだので、何だか拾い物をしたような気持ち」になった。

早川大尉は、「自己の死というものを冷静な中に経験し得た」と感じた。

「これから殺す」と言われることは異常な状況だ。それに近いものを四人は味わった。

二人の刑執行は、前日の午後五時半頃、日本人キャンプに知らされていた。馬奈木中将と杉松弁護士は立ち会いを求められ、サイゴン中央刑務所に赴いたのだった。

フランス側の検察官、将校、神父らとともに揃《そろ》って監房に向かった。

検察官はここで、二人の名前を読み上げ、上告と嘆願が却下されたこと、刑を執行することを告げた。何か言うことはないかと問われたが、二人は人違いであること、自分は殺害に加わっていないことなどを述べ、無罪を主張した。それはこの段階では受け入れられる訴えではなかった。

二人は傍から見て「悠然たる態度」（早川大尉）をとっていた。足枷を外されると、監房を出た。鎮目大佐以下、ランソン事件の四人が見送った。

他の日本人は別の監房にいた。こうしたとき送る側は「海ゆかば」を合唱する。処刑される者たちが監房を出ると、最も親しかった者が、タバコ一本が通るほどの鉄扉の穴から目で見送る。送られる者は、そちらに向けて挙手の礼をして応える。

これがサイゴン中央刑務所における今生の別れであった。

先立つ戦犯の昇天を祈る

監房を出ると、ハジャン事件の二人は神父の言葉に応じて洗礼を受けた。澤野少佐は「神が、私が無罪であることをお認めになるならば洗礼を受けましょう」と皮肉ともとれる発言をしてからの受洗だった。杉松弁護士の記録では、一人が処刑当日「このかたきはきっととる！」と言ったことになっている。

杉松弁護士は二人にその死が義死だと強調して激励した。馬奈木中将は、抑留キャンプにいる日本人全員の苦しい思いと、立派な最期を期待する旨を述べた。

刑務所での手続きが済むと、護送車で刑場に向かった。行き先は、サイゴンの中心街から北西にある仏印軍のヴィルジル（Virgile）という砲兵営の射撃場だった。日本人の戦犯関係者が収容されていたチーホア刑務所からは遠くない位置にあった。

射撃場の一帯では、刑執行を前に厳重な警戒態勢がしかれていた。二人は木の柱に縛りつけられた。背中が北東、すなわち祖国の方を向いていた。
二四、五人からなる執行部隊がおり、前列は膝をつき、後列は立って射撃する態勢で、刑につく人との距離は五メートルほどの位置に近づいた。
杉松弁護士が刑執行を克明に書いた「二将校との別れ」に従うと、二人は頭からかぶせられる目隠しを拒んだ。

指揮官が執行部隊に号令をかけ、銃が構えられるとき、澤野少佐が声を上げた。

「チョット待って下さい、国歌を歌わして下さい」

多くの戦犯刑死者たちがしたように、「君が代」を歌いたかったのだ。

認められると二人は歌い始めた。

「キーミーガアー。ようーおうわ……」

このうちにも準備は進み、「チョット終わるまで待って下さい」と言う声の最中に斉射があった。白い縞《しま》の入ったシャツの左胸に血がしみ出てそれが広がり、体が崩れ落ちていった。

刑の執行は午前六時四〇分。遺骸は運び出され、埋葬地は日本側に知らされなかった。遺骨を持ち帰ることは不可能だった。

他の地区での戦犯裁判では絞首刑のみだったり、絞首刑と銃殺刑が併用されたりしたが、サイゴンでは銃殺刑のみだった。銃殺刑は絞首刑と異なり、軍人への礼遇だと言われる。馬奈木中将は銃殺刑のみだったことについて、「軍人としてふさわしい」と述べている。


澤野少佐と今津大尉が連れ出されたあと、福田大尉は一時間ほど祈った。二人の霊魂が救われて昇天することを祈った。坂本大尉も早川大尉も同様だった。

朝食後、掃除をすると、澤野少佐、今津大尉の持ち物を整理した。カンボジア人の当番が、二人の処刑に驚き、かつ悲しみの表情を見せた。

この日、坂本大尉は「遺書だけは何とかして遺族のもとに送りたい」と思い、また「何としても最後の機会まで努力しなければならない」と決意した。二人を見送ったことは、自分の死を「冷静な中に経験し得た」ことでもあった。だからこの日の心境を書き残せたことを喜んだ。

帰国する者と死刑を待つ者

刑執行翌日の坂本大尉の日記。

（二人は）もちろん犯罪を犯した人ではない。しかし誰か日本人が死なねばならない場合であったとすれば、今回の人たちこそ実に、その元部下なりし者のため、あるいは同僚のために、私《わたくし》を滅して死を与えられたのである。

先に逝った二人の死を考えることは、自分の死を考えることでもあった。死の意味や死への処し方を考え、定めることだった。

二人の処刑から九日後の一九五〇年五月二〇日、土橋中将、馬奈木中将がサイゴン中央刑務所に四人を訪ねた。二人は日本人抑留キャンプの閉鎖を伝えた。無罪だった者、有期刑、無期刑の者たちは帰国することになった。ランソン事件の四人だけが刑の執行を待ってサイゴンに残るのである。

同胞を残しての帰国は断腸の思いだった。フランス側と残留の交渉はしたが、実現しなかった。馬奈木中将は目を真っ赤にして、「嘆願書が受け入れられるはずだ」というホンタ大尉の言葉を伝えた。

福田大尉が、同年二月から認《したた》めてきた手記二冊を二人に託し、郷里の家族に送るよう依頼した。抑留キャンプの閉鎖と全員の帰還は重大な出来事で、福田大尉は「ただ我々だけが取り残されたのだ」と思った。来るべきものが来ているだけとしても、深刻に感じずにはいられなかった。先々、一週間のうちにも死刑が執行されるのではと思った。

この日、杉松弁護士も同行して来ていた。しかし面会はせずに門前にとどまった。「かつての勇士にこのようなところで再会するは、いかにしても成し得ず」というのがその理由だった。これは早川大尉が当日の日記に書くところだ。

芝居がかったような振る舞いだが、芝居とは真実の心を表すためのものである。

杉松弁護士が顔を見せなかったことについて、早川大尉はさらに「先生の心中を拝察し、あの特徴ある言葉、至誠を流露する短身の熱烈なる高き志気、髣髴《ほうふつ》として目前に見る思いがある」と述べている。

この日、四人には差し入れのミルク、タバコが刑務所の事務所に残された。彼らはその数も細かく書いて、感謝した。面談は三〇分ほどで終わった。

ハジャン事件の二人の死刑執行から十日後の五月二一日朝、四人全員が「今日だろう」と思い、朝から身構えて過ごした。そして何もなかった。

しばらくは、「今日こそは」と執行を思って朝を迎える日が続いた。

敗戦で失われた死の大義

五月二五日、サイゴン川に近い抑留キャンプでは、閉鎖を前に最後の整理整頓、掃除が行われた。一一時、祖国に戻る日本人たちはフランス船ラ・マルセイエーズ号に乗船した。

早川大尉はその日、船の汽笛を獄中に聞いた。帰る人びとの喜びを思って嬉しくなった。船はプロコンドル島で服役していた者たちも収容してサイゴン港を出た。香港、マニラを経由して翌月三日、横浜港へ入港。一二一人の関係者が故国の土を踏んだ。このうち八二人――有期刑、無期刑――は、巣鴨プリズンで服役することになった。彼らは有罪になりはしたものの、帰還できたことにおいては非常に幸運だった。

抑留キャンプ閉鎖後、サイゴン中央刑務所の四人を支える日本人はいなくなった。

それは彼らにいよいよ死刑執行の近いことを思わせた。

閉鎖から数日間、福田大尉は夜明け前に起床して備えた。澤野少佐、今津大尉を見送ったときを思い出してのことだろう、その時間帯の自動車の音、看守の気配に神経を尖《とが》らせた。

坂本大尉もしばらくは身構える日を過ごした。早くから目を覚まして、外の物音に神経をとがらせ慄《おのの》いた。

隣の独房にベトナム人が収監され、扉を叩き、悲鳴をあげて泣き叫んで止まないこともあった。心は騒ぎ、悲哀を覚える。だがすぐに死刑は執行されず、長い待機の時間に入った。

坂本大尉は直截《ちょくせつ》に、死の意義を疑ってもいた。死刑を甘んじて受け入れることが、人類平和の礎石になることであり、民族のためなのだという理屈について、もし誰かが「死ねばすべて終わりではないか」と言ってきたらどうか。それを否定する信念を持つまでに「自己放棄」が可能なのか。そう深刻に自問している。

また、仮にその場で生きる道を与えられても、死を選べるほどの「意義」を持っているのか。そこまで彼は問いながら、こんなふうにも書いた。

「人生三十、之を而立《じりつ》と言う。春秋正に豊かに我が人生の栄至らんとして身は既に獄裡に空しく死を竢《ま》つの運命にあり」

かつて国に忠義を尽くすことは大義だった。大義に殉じる死という考え方は、死への恐怖を減じるものだった。

たとえば福田大尉は、戦場で「死を目睫《もくしょう》と控えた人生」を思っていた。それは絶望的な気分ではなかった。「国家のために御奉公するのだという意義深しと思われた一つの目的」があった。

しかし負けると大義は失われ、不安や慄きが残る。

これは特別攻撃隊（特攻隊）の遺書と読み比べるとよくわかる。

特攻隊に参加した戦没学徒の遺書は広く知られているが、そこには、命を捨てることが国の護りにつながるのだという思いが明確にある。

彼らは祖国が過《あやま》てる軍国にせよ、国に殉じるという道筋を見いだせた。その道筋に疑わしさを覚えたことも想像できるが、殉じる大義がないよりはずっと良い。

一方、ランソン事件の四人を含め、戦犯として死ぬことには大義がなかった。祖国はアメリカに占領され、平和主義に転じていた。とはいえ国家の求めに応じて戦った以上、その国家を抜きに死は考えられない。だから祖国復興の「礎石」になるという道筋をつけるほかなかった。

坂本大尉は、遺稿に軍隊生活が人生の大部分だったにもかかわらず、「戦争の意義の有名無実なりしこと」と記している。国のために一生を捧げようとした自分たちの心までが、敗戦によって批判されるのは不本意だとも述べた。

正しいと思ってしたことも、無条件降伏した国の軍人なのだ、相手から悪いと言われれば仕方ないと思い、「国のことを考えて働いたのだという自分一人だけの満足でどんな刑罰にも毅然としていきたいのです」と諦めを綴った。

帰国した上官による国会請願

杉松弁護士は帰国後に著した「戦犯弁護余情」で、Tというイニシャルで土橋中将のことを、Mというイニシャルで馬奈木中将を揶揄している。日本人キャンプ閉鎖までサイゴンに残った将官は土橋と馬奈木しかいないから、読む人が読めば明白なのだが、「M中将」は杉松の靴がくたびれているのを見て、替えはないのかと尋ねる。杉松弁護士は「兵隊を扱いつけての癖かも知れんが、この人達は戦犯を忘れ、人のこんな所まで心配する」と難じる。「もう一人の御仁」は、「T」であり、「白髪頭をオールバックに、何時もきれいになでつけ」ており、寝るときには「おとぎの国の帽子」をかぶり、食堂のボーイとおしゃべりして、フランス料理通を自慢する。それを杉松弁護士は酷評する。書き方は執拗である。

高級将校は一般的に言っても、このように厳しい目にさらされる存在であった。彼らの部下たちの多くが戦死した。戦犯となってある者は自死し、またある者は従容として刑場に行った。それにもかかわらず、指揮する立場だった者は余生を過ごせる——。

しかし彼ら将官クラスがまったく無為だったわけではない。死刑判決から約一年が過ぎた一九五一年三月八日付の文書で、「佛印における戦犯者の死刑助命に関する件」というものがある。国会に出した請願であるようだ。請願とは国民が国政に対する要望を直接国会に述べるものであり、議員を介して議長に提出できる。請願人に人脈があったのだろうか。

請願人はかつての印度支那派遣軍司令官、土橋中将。自身は、一九四九年七月一二日に免訴となり、仏印から最後の復員船で帰国したことはすでに述べた。

請願書の一部を引用する。

終戦に至るまで彼等を部下として相共に身命を捧げて同じ野に起き臥ていた私といたしましてはかつての愛する部下の身を思い、彼等の家族の心情を偲ぶにつけ居ても立っても居られぬ焦慮に悩んで居ります。

「彼等」とはランソン事件の四人のことである。

土橋中将は坂本大尉の戦友がフランス大統領宛の嘆願書をつくる際に助言するなどした。右の請願もそうした努力のひとつだったのだろう。

「祖国よ、道を誤るなかれ」

サイゴンでは時間だけが過ぎた。

坂本大尉は毎日迎えを予期し、「せいぜい一カ月の命である」と思っていた。それでも「この不治の病（死刑）が、まったくの奇跡によって、自然に快癒することを望んで時を待っているような生き方」を否定しようとして、だがしきれなかった。

四人の刑が決まった一九五〇年は、東西対立が激化した年である。六月二五日に朝鮮戦争が勃発。三日後には北朝鮮軍がソウルを占領した。第三次世界大戦への不安が世を覆った。

福田大尉の手記を見ると、このあたりの日付では、朝鮮戦争への言及はない。内省の言葉が多い。

刑確定後、「人生最後の精進」の日々と定めていた。従軍し、国家のために尽くしたことは誇りに思っていたが、戦争については「恐るべきものであり、極力避けねばならないこと」と考えるようになっていた。戦争の「後拭い《ママ》」として死なねばならないから、思いはひとしおであった。正義の戦争は認める気持ちはあった。同時に「国家間の戦争において真にかかる意義を有するものがどのくらいあるであろうか」と懐疑があった。

しばらくして八月一五日、朝鮮戦争などにふれ、戦争は正義擁護のために正当に認められているものの、不純なる国家のために生命を賭することに価値はないと断じている。

早川大尉は、七月一七日の日記で、朝鮮戦争の勃発を知ったと書く。

内地から送られてくる新聞は、まさに待ち望むものだった。早川大尉によると、大分合同新聞——福田大尉の郷里からだろう——が月に二回、届けられていた。

朝鮮戦争の勃発を知って早川大尉が思ったのは祖国のことだ。「祖国よ、道を誤るなかれ」と行く末を案じていた。

国土防衛が改めて国民の脳裡に上って来ていることであろう。武力なき戦争を放棄せる祖国、今こそ達観し、国土防衛と東亜の生命体としての日本のあり方、行くべき方向を決定して行かねばならない。

京城（ソウル）で初年兵として過ごした人らしく、「忘れ得ぬあの静かな四周山をめぐらす京城の市街、今や擾乱《じょうらん》の旋風真只中にあるのであろう」と思いやった。

早川大尉は四人の中でもとりわけ愛国的であり、世界情勢にも関心が高かった。面会者から対日講和は朝鮮戦争の影響で遅れていると聞いて「血涙を飲む思い」になっている。

坂本大尉も朝鮮戦争には感じるものがあった。「日本の軍備が大きく論じられているようですが、今度こそ全国民がもっとも真剣に考えなければならないときではないでしょうか」と郷里へ書き送っている。戦後の憲法は戦争放棄を謳った。その理想は現状に適うのか。そんなことを指摘する。さらには少数の為政者にことを任せることの危険を説き、「光栄の中立が無道義なる軍事力の前に蹂躙《じゅうりん》されないと誰が保証しましょうか」と案じた。

彼は戦後になって叫ばれ始めた民主主義について、それが愛国心と両立するもので、愛国心なき亡国の民には真の自由も民主主義もないと喝破した。

鎮目大佐は朝鮮戦争勃発の年の八月、日記に占領政策の詳細は知らないと断りながら述べる。

経済援助を餌として、日本に民主主義を植えつけよう、而して従来の日本精神を破壊しよう、(中略)アメリカに盲従させよう、而して日本をしてアメリカ国防の第一線たらしめんとし、かつ防共の犠牲たらしめんとしているような空気を感ずる。

日本が平和国家を掲げても世界が戦争を放棄したわけではない。アメリカの極東戦略に組み込まれた現実は否定できない。そんな祖国への違和感は四人のうちにあった。

その世界にいられないこと

一九五〇年の半ば頃から、日本では講和に向けた議論が高まっていた。吉田茂首相は五月、共産圏諸国を含めた全面講和を主張する東大総長南原繁を「曲学阿世の徒」と難じた。ソ連など共産主義陣営との講和条約締結を先送りし、自由主義陣営と締結する単独講和か、すべての交戦国と締結する全面講和か。議論はまさに「戦後」のことだった。四人には祖国の行く末という点で身近であり、その世界にいられない点ではきわめて遠い話だった。

七月、マッカーサーが七万五〇〇〇人の警察予備隊（自衛隊の前身）創設、海上保安庁の八〇〇〇人増員を指示した。一〇月には旧軍人などの公職追放解除が始まった。

日本が平和であることは間違いなかった。この年には「第一回ミス日本」が開かれ、NHKがテレビの定期実験放送を始めている。

四人は時折届く新聞を食い入るように読んだ。祖国の人びとよりも祖国とそれを取り巻く世界の情勢を詳しく知っていたはずである。何かを喜び、何かを憂い、しかしそこにいない我が身をどこかで嘆じ、諦めただろう。

サイゴンのカトリック教会からは外国語の新聞、雑誌を差し入れられることもあった。アメリカの国力、科学力はそうした媒体から見て取れた。

坂本大尉がこんな感懐を残している。

科学文明の粋を集めて余裕たっぷり、日々を楽しみながら戦うているのに、食うや食わずのあわれな放浪の群れとなって、血みどろになってまで、小さな人間の力をたのみとして、手向かうていたのがこの敗れた日本の軍隊である。

人ばかりを、さらにいえばその精神力ばかりを頼みにした軍隊は、敗れても人に犠牲を強いていた。

「これまた人の常」

執筆は残された四人の大きな仕事だった。福田大尉は、死刑確定から半年ほどで六冊のノートをものしている。

坂本大尉は日本の行く末を案じる言葉を多く残した。それは自分の死を理解するための方途でもあったようだ。「お別れの手紙」と題した一文。

今日の思潮がどうあろうとも私の事は永遠に民族の血潮の中に残る事であり、後世の何人かが立派な私らの死をも理解して呉れるものと思います。罪人として死んだなどと夢にも考えて下さいませんように。

坂本大尉は父に「人類発展の一過程として或る程度の犠牲が必要でありました。それが今度の大戦であります」と告げている。「死して護国の鬼となる」、すなわち死んで祖国を守るといった考え方は、戦中、軍人によってものされた文章でよく見る。同じように念じていたようだ。

処刑を前にした戦犯たちが思うのは祖国しかなかった。頼るものは、「民族の血潮」。その中に生き続け、誰かが思い出すことに期待を持つ――杉松弁護士が四人に強調したことでもあった。

一九五〇年七月一六日、鎮目大佐は日記に、死に対する恐怖や人間生活に関する欲求はすでに消えてしまっていると書いた。残るのは、最後を立派に飾りたいという思いだけである、と。不法を働いた自覚はないが、国際法規に照らして死刑であると言われるならそれに従うだけだと考えていた。

死の意義については、若い三人とはまったく異なる考えを持っていた。

（自分の死は）何等の効果なしと即ち犬死である。自分の死が国家再建の礎になろうとは絶対に考えられない。また他を奮発させるというようなことも考えられない。結局何も得るところなく無益である。

あとは神仏の力を受けて、最後まで行こうという決意があった。

八月七日、鎮目大佐は周囲に言った。

「明日は死刑執行のような予感がする。いつもと少し違う」

早川大尉は答えるともなく独り言《ご》ちた。「もう毎朝そのつもりで準備している。私はもういつでもよいのだ、それとは別に時間のある限り自分のやりたいことを続けていくのだ」

しかし八月八日には何もなかった。

翌日九日は、長崎に原子爆弾が投下された日である。鎮目大佐は原爆への憤りを記し、杉松弁護士からの来信があったことを書いた。いずれ日記が留守宅に届く前提で、三人の若い大尉の父親に宛てて「申し訳ないことの手紙」を出すことを家族に求めている。

福田大尉は、八月一一日の死刑執行を予期していた。ハジャン事件の二人の処刑からちょうど三カ月が経過していたからだ。しかし予想は外れた。

キャンプ閉鎖後に処刑されるのではと疑い、この「三カ月」を疑う。明日こそ執行だと覚悟する。しかし翌朝には何もない。こういうことが何度もあった。

福田大尉が「天国待合室」と呼んだ獄中で、赤米——赤い皮が残っている、精米の不十分な米——の飯を食い、ときに謡曲を謡い、上体のみの体操——足枷につながれているので——を行う。たとえば「ボルガの舟歌」を歌いながら、「船漕ぎ体操」をすると、看守たちが驚いて集まってきた。

「みんな戦場生活の勇者ばかりであるので、明日知らぬ生命でありながら、のんきなものである」（福田大尉）と若い三人は興じるのであった。

福田大尉は「刑死ということは特別悲惨な最後《ママ》に見えるけれども、これまた人の常ではないか」と書いた。人は誰でも死ぬ。亡き戦友や部下を思えば、我が身もまた当然だ。戦死せず生き長らえたことは幸運にほかならない。

刑確定後、長い時間を獄窓に過ごすことで、「こんなにまで生き延びようとは思わなかった」と感じるほどになった。

判決から一年

一〇月のある日、肉や卵の入った夕食が出た。充実した内容に、明日は何かあるのではと思わされた。身辺整理をしたが、刑執行はなかった。

一一月、乾季に入った冷え込みのためか、鎮目大佐が体調を崩して衰弱した。

坂本大尉は何度も死の覚悟を決め、刑執行がその日はないとわかると、また一日の生に恵まれた思いを持った。「時々真剣になって人生終焉の寸前の心構えについて自ら修練し得る」こと、その修練の足りなさを思った。

この月、杉松弁護士から手紙が届いた。三人の若い大尉を「大西郷隷下の別府晋介、篠原国幹《くにもと》、桐野利秋」にたとえて称賛した。西郷以下、彼らは明治維新に貢献したが、その後、政府に反旗を翻した西南戦争で全員死んでいる。

坂本大尉は杉松が説くところにより、「卑小なる私の人生が、先生の御力によって民族の中に生き得るものとなる喜びに胸の高鳴るのを禁じ得ない」と感じた。

手紙の中で、杉松は、「文藝春秋」に文章を投じて掲載されたことを知らせた。またランソン事件の紹介や四人の文章を編んだ『死して祖国に生きん』の出版予定も伝えている。福田大尉が杉松に宛てた手紙もそこに収めるとの知らせに、福田大尉は「まったく感謝感激である」と書いた。自分たちの思索や経験が残ることは、この上ない喜びだった。

一二月半ば、福田大尉のもとに郷里から大分合同新聞が届き、一同を喜ばせた。二四日のクリスマスイブ、通訳を務めたルピカル青年からクリスマスの贈り物が届けられた。タバコ八箱、ミルク二缶、菓子だった。

迎えた三一日、残飯の飯を練って鏡餅をつくり、食事のおかずの尾頭付きの魚やミカンなどを添えて正月の準備とした。

一九五〇年を越せるとは思わなかった——。それが彼らの正直な感懐であった。

明けて一九五一年、元日の朝、鎮目大佐は水浴後、皇居を拝して君が代を歌った。三日、福田大尉は「対日講和（会議）も本年一月に開催される模様で喜びに堪えず」と書いた。

対日講和が成れば、刑の執行がないかもしれない——そんな期待を抱いたのだろうか。

二六日は判決から一年の日だ。早川大尉は歌を詠んだ。

碧空に大気を吸いて黒土を　二本の脚にて踏みてありたき

外に出て自分の足で、土を踏みたい。それは切実な願いだった。

戦争に生命を左右された大尉の結論

四人にはときどきタバコの差し入れがあり、散髪もしてもらえた。「恵まれし日々」（坂本大尉）とも言えるが、死刑のことは忘れられなかった。いつかは刑場で銃口の前に立つのだ。

一月二四日、坂本大尉は「甘い考えを起こしてはならない。冷厳なる事態を正視しよう」と書いた。自分たちが行為をいかに正当化しても、フランス側は黙認するはずがないと考えた。

一年が過ぎても刑の執行がないことを、鎮目大佐は不思議に思っていた。この頃には「再び過去の起居を繰り返すものとすればあまり嬉しくも感じない」と書いた。

二月六日、サイゴンは旧正月（テト）の元旦に沸いた。街でベトナム人が大騒ぎして喜ぶ様子は、獄中まで伝わってきた。

日本語の歌も聞こえてきた。一九三七年発表の官選歌「愛国行進曲」（作曲は「軍艦マーチ」の瀬戸口藤吉）だった。国民的に愛唱されたこの曲を、出征した日本軍将兵が歌い、やがてベトナムの人びとが真似るに至ったのだろう。私は敗戦から六〇年を経た二〇〇五年、ベトナムで「ジョートー（上等）」と言ってくる老婆に出くわしたが、アジアで唯一、近代的軍隊を持って欧米列強と戦った国は、そういう強い印象を残していたのである。

旧正月を境に季節は変わる。三月に入ると気温が上がった。いくらか冷涼な乾期が終わった。昼夜を問わず暑くなった。気温の上昇は続き、やがて五月頃には雨季を迎える。

三月一日、坂本大尉は故郷に手紙を送った。これが最後になるように思えてならなかったが、春の声を再び聞けた感慨はひとしおだった。

五日、福田大尉は「国のためなら国際法を犯してまでも殺人行為をすることを当然と考えた」ことは陳腐であり、迷妄にすぎないように思われてならないと書いた。かねて日本軍の命令には「無理な不合理があった」と考えてきた人の自省だった。

六日、鎮目大佐のノートの紙が尽きた。

九日、明号作戦から六年が経った。

一三日、坂本大尉は夢を見た。死刑執行の日取りが決定したとの通知を受けるというものだった。現実には予告なく「急襲」されるのが常だった。

一五日、例によって坂本大尉は心に期して朝を迎えた。一喜一憂はどうしようもないこと。「決して死を逃れ得たためのものではない」とわかってはいたが、生命がまた一日持続した喜びはあった。

一七日、福田大尉の郷里から二月上旬の新聞一週間分が届いた。

坂本大尉はこの日の日記に、世界平和の唯一の鍵は「国民国家のエゴイズムを放棄すること」にあると書いた。戦争は国家同士のエゴイズムの究極のぶつかり合いだ。戦争に生命を左右された人が導き出した結論だ。あらゆる国家が掲げるその正義も、所詮はエゴイズムに過ぎない。

一八日、晴れた日曜日に、刑務所の幹部がタバコを持ってきた。ルピカル青年からの差し入れだった。

幹部は書き物を絶やさない四人に配慮して、紙や鉛筆を補給すると約束した。談笑の中で、坂本大尉は「日本とフランスはいまや友だちだ」と言った。融和的なムードの背景について、国際情勢の変化——東西冷戦、西側諸国と日本の関係——を読み取っていた。

総じて刑務所関係者の態度は好意的になっていた。だからこそ冷厳な事実を忘れないようにと、坂本大尉は書かずにはいられなかった。

福田大尉は同じ日、自分は協調性が過ぎるために、情実にとらわれ、悪を拒絶すべきところ、「毅然たる態度に欠ける点なきにしもあらず」だったと回顧した。

この言葉が捕虜殺害を拒否したかったという悔悟を示すものかどうかはわからない。

刑執行、見送る同胞はいなかった

一九五一年三月一九日、一年あまり、生死の間を生きてきた四人に最期のときが訪れた。福田大尉はその日の午前六時に書いた。

前略遂に最後がやって参りました。已《すで》に覚悟をしていた事だし、ほんとに落付いて旅立つ事が出来る確信を持って参ります。

御両親様始め皆様ほんとに御世話になりました。

神の御腕にいだかれつつ

三月十九日　　　　　　　　　　午前六時　義夫

御両親様外皆様

早川大尉が書き残したものは、杉松弁護士の『死して祖国に生きん』に掲げられている。

祖国の再建を遥かに典刑を受くべくただ今出発直前に、七生かけて祈願仕ります。正義日本、平和日本、伊勢大神の肇《はじ》め給う日本、人類世界が苦悩の真っ只中に、真の人類正義を確立し、世界の永遠の平和具現に先駆邁進あり、国威の宣揚あらんことを祈願仕ります。母上、兄上の病魔はいよいよ今より私がかっさらいます。父上、母上、兄上、姉上、弟妹たち、坊やたち、御健康と余世《ママ》安楽を祈ります。戦友、学友、知友諸兄の御多幸と御健康を祈ります。

では御訣《わか》れします。

桜島の大和心の錦敷く

朝露踏みて晴れ晴れと往く

早川揮一

早川大尉は敗戦後、祖国が主体的行為をとりえない状況は戦犯としての自分たちにそっくりであり、「敗れし国家の惨めさ」だと嘆いていた。

右に引いた絶筆に添えられた日時は「昭和二六年三月一九日六時一五分」。

遺稿は杉松弁護士の編著で「朝露残筆」と題されているが、それはこの絶筆にある「朝露踏みて」から名付けられた。

坂本大尉の日記は一八日で終わっている。かねて「長く生きたものが必ずしも立派な人生を生きたとはいえない」と考えていた人だった。

時刻から見て、ハジャン事件の二人と同じように、ランソン事件の四人は早朝に呼び立てられ、手続きを経て刑場に向かったはずだ。もう見送る同胞はいなかった。

周囲をフランス人に囲まれて自動車に乗せられる。車はサイゴン市中を走る。高い並木がその車を見下ろす中、郊外の刑場に向かう……。

刑場として使われたフランス軍の兵営内の射撃場で、四人がどのような最期を迎えたのかは伝わっていない。

衆人環視の中で、目隠しをされたのかどうか。君が代を歌ったのかどうか。天皇陛下万歳と唱和したのかどうか。

刑執行が朝の七時だったことだけは記録に残されている。

ランソンでの戦闘から六年が経過していた。

刑の執行については、福田大尉の故郷、大分の「大分合同新聞」が三月二一日朝刊一面に小さく掲載している。曰く「日本人戦犯　死刑を執行　本県人も一名」。連載小説の脇の小さなスペースに置かれた記事を引用する。

【サイゴン十九日発　ＡＦＰ＝共同】
インドシナ軍事法廷で死刑の宣告を受けた元日本軍将校戦犯四名は十九日サイゴンで死刑を執行された（大分県関係分）
△元陸軍大尉福田義夫
これら戦犯は一九四五年五月《ママ》北部インドシナのランソンで捕虜六百《ママ》名を殺害した罪に問われたもの

この日の一面で最大の扱いは対日講和条約の話題だった。「強力な反共国たらしむ」、「寛大な対日講和条約」、「主要点で米英の意見一致」という見出しで報じていた。

記録によると、サイゴン裁判で審理されたのは三九件二三〇人。結果は死刑六三人（うち三七人は欠席裁判）、無期刑二三人（同四人は欠席裁判）、有期刑一一二人（同二人は欠席裁判）、無罪三一人という結果で終わった。

四人の死刑執行から三カ月後の六月一一日、オーストラリア軍によるBC級裁判（マヌス島裁判）に関し、五人の死刑が執行された。連合国による戦犯裁判最後の死刑執行だった。

半年後の九月八日には、ランソン事件の四人も先行きを案じていた講和条約への調印が成った。アメリカ・サンフランシスコで参加四八カ国のもと開催された対日講和会議で、日本の独立と国際社会への復帰が決まった。

四人はあと少し生きられれば、恩赦などで減刑されたかもしれない。だが対日講和の前に、フランスに対して罪を犯した者に刑を執行することが、フランスの国家としての意志表示だったのだろう。

遺書をみつめて

豊田隈雄という海軍の軍人がいる。A級、BC級を問わず戦犯裁判の資料収集に尽くした彼は、著書『戦争裁判余録』にこう書いている。

BC級戦犯こそ、日本の戦争最前線の責をなにものかに代って背負わされ、なにものかにかわってその償いまでした。

「なにもの」として明言を避けているが、指しているのは上層部の将官であり、無理な作戦指導であろう。下級将兵は、自らはどうしようもないことで、責任だけを負わされたのだ。末端の行為に絞って罪に仕立てて裁く。それがBC級裁判だった。

命令を実行するしかない組織には、個人の意志など介入できない。意欲に燃えようが、不承不承だろうが、実行したことについて、特定の個人に罪を負わせるのは便宜上のことでしかない。国家の意思を、個人が実行する。その責任を個人が負う。これは不合理の極みだ。

誰かが負わなければならないのだからという諦め、やり切れない憤り。四人はその間を行き来しながら、自分たちの死が記録に、記憶に——杉松弁護士の言う民族の血に——残ることを祈りながら、銃口の前に立ったのだろう。その瞬間の恐怖や諦念を思うと、身がすくむ。

四人の刑が執行されて一年半後、杉松弁護士は遺稿の抜粋と資料などで編んだ『死して祖国に生きん』を発表。「序文にかえて」の末尾に次のように書いた。

遺書をみつめて

文みればせつなきことのいと多しいかにすべき我が命かも
君があつき心も知らでいくとせをわびるすべなき文に涙す
ともに死ぬが心よかしとかえりみし鎮、早、福、坂忘るる期なし

二一世紀に残された〝跡地〟

二〇〇五年の春、ベトナム北部、ランソンを訪ねたことは述べた。街は平和だった。

その一〇年後の二〇一五年、私は作家、古山高麗雄の評伝を発表する機会を得た。杉松弁護士の著書を作中で紹介し、私にランソン事件を教えてくれたのは、この人だ。

サイゴン裁判、とりわけランソン事件のことはずっと頭を離れなかった。

三〇〇余人を殺害した規模もさることながら、そのために末端にあった人びとが責任を問われ、死刑の直前まで心持ちを綴り、それを世に残し、広めようとした弁護士がいたこと、その弁護士が風変わりな人物であったことなど、心に焼き付くことばかりだった。

何より私には、自分がその場で殺害を命じられる一人になってもおかしくないと思われた。

私は東西冷戦の終盤に少年期を送った。小学生の時には、広島に投下された原子爆弾とその惨禍に関わる作文を授業で書いた。核戦争の恐怖が心にあった。作文は、いわゆる平和教育の一環だったのだろう。

冷戦が終結すると湾岸戦争が起こって、日本は九〇億ドルを多国籍軍に提供し、ニュースが報じるアメリカの「ピンポイント爆撃」に興奮した。

社会に出た頃にアメリカ同時多発テロがあり、アフガニスタンで戦争があった。

戦争はこのように絶えずにあった。それらはすべて外国のことだった。

最近の二〇年でも、二〇〇五年、二〇一五年と敗戦から節目の年があった。大東亜戦争のことはそれなりに知るようになったが、戦犯裁判のことは変わらず無知だった。

そんな私だから、サイゴン裁判の一事例であるランソン事件に関わった四人の将校の死が「民族の血潮」として生き続けていたかと問われたら、即答はできない。

日本復興の礎石たらんとした人びと――BC級戦犯――のことを、身近な誰かが語るのを聞いたこともなかった。

戦後、「平和ボケ」と揶揄されるまでに平安が続いた。世界情勢の推移の中での僥倖《ぎょうこう》かもしれないし、あるいは「民族の血潮」に生きるものがあったからなのかもしれない。

平和は長らく所与のものである。

平和の前に斃《たお》れた人びとのことは、節目の年に限らず、一年に数回はメディアが取り上げる。

東京大空襲の日、沖縄の地上戦が終結した日、広島と長崎に原爆が投下された日、玉音放送のあった日、日本の機動部隊がハワイを奇襲した日、そしてそれらの前後……。

導かれる結論は「戦争は悲惨だ」「戦争は二度としてはならない」などだろうが、当たり前のことだ。戦争が忌避すべきものであることは明白だ。

しかし、その一方で多くの人が戦争を止むを得ないものとして受け入れ、あるいは積極的に戦うことも明白だ。それは二〇二二年二月に始まったウクライナでの戦争を見てもわかる。二〇世紀の遺物かと思われた戦争犯罪という言葉がまた聞こえるようになった。

戦争がある限り、これからも戦争犯罪が行われ、罰せられるかどうかは別にして、戦犯は生まれ続けるはずである。

サイゴン裁判の名残り

二〇一七年の夏、私はかつて暮らしたサイゴンを訪ねた。

ベトナム南部最大の経済都市は発展の恩恵でますます賑《にぎ》やかで、高層ビルが増えていた。フランス領時代の洋館はわずかながらに残っていた。

滞在中、サイゴン中央刑務所跡地と裁判所を見て歩いた。そのあとタクシーを呼び止め、チーホア刑務所に行きたいと告げた。運転手は観光客の外国人がなぜそんなところへ行くのか、いぶかしんでいるようだった。

チーホア刑務所はかつて草原の真ん中に建っていたという。場所はかつての「サイゴン」の市街地からは外れているが、時代は移り、民家の密集した通りの行き止まりに建物が見えてきた。赤いレンガづくりの姿は建設された頃と変わらないように感じられる。中央刑務所の跡地はベトナムに暮らしたときに何度も見たが、チーホア刑務所を訪ねたのは、二度か三度か。通りは賑やかにバイクが行き交い、軒先で朝食を出す店からの煙があった。日本人が裁かれた戦犯裁判の時代の様子は、想像しようもなかった。

私は、杉松弁護士が「戦犯は祖国の礎石」と言っていたことを思い出した。ランソン事件で刑を受けた四人にも同じ表現で伝え、励ました。四人の心には、その励ましを真実と思いたくとも、そう思い切れないところがあった。それを膨大な遺稿の中で、行きつ戻りつ書いていた。礎石は自らの上に絢爛《けんらん》たる建築ができようとも、それを見られない。不条理だろう。

二一世紀のサイゴンで往時を想像し、私は刑死した戦犯四人のことを思いながら、やはり日本を思っていた。そう、平和の伽藍《がらん》に日を送り、「礎石」をめったなことでは顧みない祖国を、そこで過ごしてきた自分を、である。戦犯とは、戦場で責務を果たした、ごく普通の人びとだ。誰にとっても無縁の存在ではない。

私が、福田大尉の妹である醇子さんと夫の義尚さんのお宅を訪ねたのは、二〇一六年のことだったが、取材時、福田大尉の復員先である実家（朝田村俣水）も訪ねた。

移動の前に、こんなやりとりがあった。

「あなた、日記は送って来たわな」と醇子さんが義尚さんに言った。

日記とはのちに、『死の宣告と福田義夫』にまとめられるものである。

「シャツの裏に遺書みたいなのを、辞世の句を」と、義尚さんが言った。

「書いてね」と醇子さん。

「それは、刑が終わった人たちの誰かに頼んで、送って来てくれたんだと思います。どっかにあるな、最近どこにやったか」

「どんなシャツだったんでしょうか」と私は尋ねた。

「あの、陸軍が着ちょったような普通の白いシャツです」

「こう切りとっちょったな」と醇子さんが言った。「白いシャツ、背中だけ切ってあって、書いたぶんだけは残っちょった」

二人は、そのシャツが実家でまだ保管されているかもしれないと言った。

実家に到着後、福田大尉の兄の血筋にあたる方の案内で墓参をした。

聞いてみたが、件のシャツ——あなうれし　散りゆかん哉　笑いつつ　國に盡せし　我が身なりせば——はかつて確かにあったものの、今は見つからないということだった。遺品として爪もあったそうだ。

私はお宅に上げてもらい通された部屋には、福田大尉の大きな顔写真が飾ってあった。軍服を着てタバコをくわえて目尻を下げていた。柔和で大きな笑顔だった。この写真を見上げて、老後を送った福田大尉の母のことを想像した。やりきれない気持ちになった。

写真の襟章は赤地に黄色の線が三本で星がひとつなので、これは少尉である。尉官クラスは、黄色の線が三本、星なしが准尉、一つが少尉、二つが中尉、三つが大尉なのである。陸士を経て一九四〇年に少尉（見習士官）として任官し、大陸へ出征する前のものかもしれない。前途をどう予想していたのだろうか。

シャツに書かれた歌の脇には「南溟越南の辺土に護国の一礎石たらんと期しつつ」とも記されていたそうだが、墓には「二十六年三月　佛印サイゴン」と刻まれていた。苔むした姿が年月を物語っていた。

周囲の水田には稲が青々としていた。もうひと月もしたら頭《こうべ》を垂れ、まさに瑞穂の国の風景にふさわしくなるだろうと思われた。

七〇余年前の初夏、この故郷から福田大尉は引き離された。

平和な田園風景のなかに、忘れられるには重過ぎる事実が残っていた。

おわりに

謹啓　私は曩《さき》に復員局の委嘱を受け、英・濠軍事裁判に於ける戦犯辯護の為めシンガポールに出張し、約拾ヶ月を同法廷に過して歸國したる後、更に引續いてフランス軍事裁判に於ける同目的の為め佛印に赴き、滿二ヶ年の間西貢に滯在し、その仕事を了へて今回歸國致しました。

一九五〇年六月、こんな書き出しの「御挨拶」を杉松富士雄弁護士は各方面に送っている。私が見た実物は印刷されたものだったが、それは送る先が多かったからだろう。

挨拶状で彼は祖国の混沌を嘆き、「自らのものがなく、急角度にゆがめられた不純なる生活」があるとしていた。彼は敗戦とその後の混乱の原因は「民族としての叡知の缺乏」などによるもので、個人が自分の責任を尽くす精神と、「責任を尽くして矛盾を生じない社会機構の建設」が行われていないからだと批判していた。

戦犯はそれぞれの持ち場で責任を尽くした人びとである。彼らが裁かれ刑に服さざるを得なかったのは、彼らに責任を押しつける、矛盾した社会があったからだ——。そう言いたいのだろう。上位の命令者でなく、下位の命令者と実行者が責めを負ったことを、彼は矛盾と感じていた。矛盾を放置したまま進む戦後に強い違和感があったに違いない。

ランソン事件の四人のことを世に伝えることは、その矛盾を知らしめることでもあった。

人間生活の方向に確乎たる基礎を示す

杉松弁護士は、内地に帰還後も弁護士活動を続けたようだ。「ようだ」としか言えないのは、書き残したもの以外の記録がほとんど見当たらないからだ。

帰国後、ほどなくして「文藝春秋」(一九五〇年一〇月特別号)に「二将校との別れ」を投稿して掲載されている。これは前述のように、ハジャン事件で死刑となった二人の将校の最期の様子を綴ったものだった。

商業出版の雑誌だから、無名の投稿者の原稿に手が加えられて当たり前である。それが編集者の仕事だ。だがそれに納得できなかったことを、後日刊行した『死して祖国に生きん』(蒼樹社。後年『サイゴンに死す』と改題して光和堂から出版)で書いている。

「文藝春秋」以外では、日本弁護士連合会(日弁連)の雑誌に、サイゴンでの経験と戦犯やその周囲の人間模様について寄稿している。

『死して祖国に生きん』は、四人の遺書を中心に編まれているものの、ここに遺書のすべてが収められたわけではない。

福田大尉の遺族には「一人一冊」にまとめたいという思いを手紙で伝えている。福田大尉のみならず遺書を「せめて各人一冊宛《ママ》にまとめてあげたい」。それが彼の考えだった。

『死して祖国に生きん』の製本は、立派なものではない。文字が印刷された紙は、戦後の物資不足を感じさせる粗悪なもので、並製（ソフトカバー）と呼ばれる形態――表紙は硬いボール紙ではない――だ。

杉松弁護士は、同書にそれぞれの写真を収められなかったことも残念に思っていた。

福田大尉の遺族に、再び遺書をもとに刊行する際は、各自の軍服着用の写真、記念写真などを三、四枚は入れたいと伝えた。何しろ『死して祖国に生きん』に唯一収められた写真は、四人が法廷で判決を下されたときのものだった。

四人の姿を伝えるための彼の執念は相当なものだった。一人のために一冊の本をつくるには、「七拾万円の拠出金を集める後援会が必要」で、それがあれば製本は立派になる、後援会は県や町村単位、あるいは所属連隊に基礎を置くべきだと説いた。

彼はそのための計画書までつくっていた。本ができあがった暁には、有識者に行き渡るようにして、外国語にも翻訳したいと構想していた。それらの本は、「故人顕彰の一助とし、併せて人間生活の方向に確乎たる基礎を示す」ものになるというのだった。

それが自分の責任を果たすことになると考えていた。

ランソン事件の関係者によると、九一歳で没した。

誰かが逃れた責任を

二〇二一年六月、東条英機をはじめとして東京裁判で死刑判決を受け、刑死したA級戦犯の遺骨を太平洋に撒《ま》いたというアメリカ側の証言記録が発掘された。「まだA級戦犯か」と報道を見て私は思った。

東京裁判以後、何度もこの人たちのことは語られてきた。これからもそうだろう。毀誉褒貶とともに――。

比べてBC級戦犯はどうか。

さらに言うとBC級戦犯となり、各地で刑死した人びとの遺骨がすべて祖国に戻っているわけでもない。インドシナ戦争で混乱の渦中となったサイゴンに関して言えば、戦後、そうした人びとの遺骨収集はいっさい行われていない。

「自らの判断で所在をくらました者は相当いたと思う」

陸軍省法務局長だった大山文雄《あやお》中将は戦後、次のように語っていたという。

戦犯容疑者については、前線においては指揮官の独断によって早めの措置がなされて転勤、異動、内地帰還、逃亡等がはかられ、国内でもあやしいと思うものは自らの判断で所在をくらました者は相当いたと思う。辻政信大佐のような人は他にもいたと思うし、その結果、前線に残留した者の多くは容疑をかけられる心配のほとんどない者であったと思われる。

『戦争裁判余録』（豊田隈雄）

法務を司る将官がこう語るのだから、事実だろう。ＢＣ級戦犯の大半が、誰かが逃れた責任を負わされたということになる。

この上に、もし、今の、そして未来の日本人がＢＣ級戦犯のことを忘れたら、彼らは本当に救われない。

持ち場を故意に去ることは日本人にとって容易なことではない。それは非難の対象になる。責任を放棄することで、巡り巡って一族郎党に累が及ぶであろう。共産党員（アカ）を出した家には、誰も寄りつかなくなると言われた時代だ。軍務の放棄も同類だろう。

戦争は個人の行為ではない。戦場の行動も個人のものではない。生存をかけて自らの手で敵を殺すかもしれないが、命令の根源には国家の意思がある。

幸か不幸か、私はこの歳まで自分の人生と国家の関係を考えることはなかった。国家のあり方は、現実には私を規定する何かであったはずなのだが。

戦力差を顧みない作戦、国際法を無視した捕虜の処遇、責任を負わない指導層、それを肩代わりする末端の人びとの存在など、ランソン事件には戦争で露呈した日本の負が表れている。国家の意思による行為の責任は、少なくとも末端の人びとには負うに過大である。

ランソン事件を長らく追い続けてきた。過大な要求に応じたために、辛苦を舐めた人びとのことを通して、私自身の国家観を考えてみたかった。答えは容易に出ないが、敗れた国家は戦争に身を挺した人びとを救えないことは確かだ。まず敗れた人びとがその思いと記憶を継ぐしかない。

戦犯となった人びとは戦場に立っていたが、非道な行為の本当の意味での「張本人」ではない。悪意に満ちた人でもない。戦争が人倫を蹂躙する行為である以上、戦場に人倫を求めるのは無謀だ。戦場の一過性の狂気を罪とするなら、戦争そのものが罪である。

執筆の動機をもっと素朴にいえば、私はこの人たちの立場を想像してみたかったのである。

なぜか。四人が追い込まれた場所に、私が追い込まれる可能性も皆無ではないからだ。国家や組織に無縁と思っていても、それらから誰も逃れ得ないことは、たとえばコロナ禍で生じたさまざまな抑圧や相互監視の雰囲気を考えれば、当たり前の事実だ。

いつか私自身が「礎石」となったとしてもおかしくはない。

ランソン事件は、平凡に生きる私たちにも無縁ではないのである。

参考文献・資料一覧

戦犯裁判全般

岩川隆『孤島の土となるとも――BC級戦犯裁判』講談社、一九九五
牛村圭『「勝者の裁き」に向き合って――東京裁判をよみなおす』ちくま新書、二〇〇四
大谷敬二郎『戦争犯罪』新人物往来社、一九七五
巣鴨遺書編纂会『世紀の遺書』講談社、一九八四
田中宏巳『BC級戦犯』ちくま新書、二〇〇二
茶園義男『茶園義男論文集 BC級戦犯裁判関係』不二出版、一九九三
東京裁判ハンドブック編集委員会編『東京裁判ハンドブック』青木書店、一九八九
豊田隈雄『戦争裁判余録』泰生社、一九八六
林博史『裁かれた戦争犯罪――イギリスの対日戦犯裁判』岩波書店、一九九八
半藤一利、秦郁彦、保阪正康、井上亮『「BC級裁判」を読む』日経ビジネス人文庫、二〇一五
檜山良昭『実録 東京裁判と太平洋戦争』講談社、一九八三
福岡千代吉編『昭和殉難者法務死追悼刻名碑写真集』殉難者追悼碑建立委員会、一九九九
毎日新聞政治部編『新聞史料にみる東京裁判・BC級裁判』現代史料出版、二〇〇〇

軍事史学会編集『軍事史学』第四四巻第三号、錦正社、二〇〇八
一又正雄「BC級戦犯裁判の全貌」『自由』一九七〇年八月号所収、自由社

サイゴン裁判（全般）

国立公文書館所蔵関連資料
蔵ノ下繁編著『征旅一万粁　慰霊のうた』一九九五（非売品）
小島武司、渥美東洋、清水睦、外間寛『フランスの裁判法制』日本比較法研究所研究叢書、中央大学出版部、一九九一
全国憲友会連合会編纂委員会編『日本憲兵正史』全国憲友会連合会本部、一九七六
滝沢正『フランス法』三省堂、一九九七
茶園義男編『BC級戦犯関係資料集成』一四巻（『BC級戦犯中国・仏国裁判資料』）、不二出版、一九九二
土橋勇逸『軍服生活四十年の想出』勁草出版サービスセンター、一九八五
南一憲会編『南方軍第一憲兵隊史』一九七九（非売品）
藤崎武男『歴戦一万五〇〇〇キロ――大陸縦断一号作戦従軍記』中公文庫、二〇〇二
藤田豊編著『ナコンナヨークの碑　第三十七師団慰霊碑秘話』ナコンナヨークの碑・出版会、二〇〇一
古山高麗雄『二十三の戦争短編小説』文春文庫、二〇〇四
山崎順一郎編『死線の軌跡――歩兵第二百二十五聯隊　第十中隊戦史』第十中隊戦友会事務所、一九八四
杉松富士雄「二将校との別れ」『文藝春秋』一九五〇年一〇月特別号所収、文藝春秋

サイゴン裁判（個人、遺稿はこのほかにも多数参照）

国立公文書館所蔵関連資料
伊藤安之『回想録』一九九〇（非売品）
蔵ノ下繁編『鎮魂の譜 第四中隊戦記　歩兵第二二五聯隊第四中隊』第四中隊戦友会事務局（非売品）
酒井冨蔵編『死の宣告と福田義夫――仏印戦犯獄中の記』福田義夫遺稿刊行後援会、一九七〇（非売品）
塩尻公明編『祖国への遺書――戦犯死刑囚の手記』毎日新聞社、一九五二
杉松富士雄編『死して祖国に生きん――四戦犯死刑囚の遺書』蒼樹社、一九五二
杉松富士雄編『サイゴンに死す――四戦犯死刑囚の遺書』光和堂、一九七二
杉山茂一編『桜陵 二十五周年記念号』三田中学校校友会、一九三七（非売品）
千葉南海夫（中村武）編『南十字星を仰いで――ある戦犯弁護人の手記』一九九一（非売品）
福元幸雄編『心の窓』一九六六（非売品）
三牧富美ほか編『伊牟田家後年控』私家版、一九九〇
山崎剛太郎『薔薇の柩 付・異国拾遺』水声社、二〇一三
横井芳弘ほか編『彩光 中村武先生の想い出』酒井書店、一九九一（非売品）
杉松富士雄「運命の第二二五聯隊」『日本評論』第二十六巻第三号所収、日本評論社
杉松富士雄「戦犯弁護余情」『自由と正義』第二巻第二号および第二巻第三号所収、日本弁護士連合会、一九五一

軍隊・戦争・戦況

小澤親光『秘史満州国軍——日系軍官の役割』柏書房、一九七六
神田文人編『昭和史年表完結版』小学館、一九九〇
北村恒信『「戦前・戦中」用語ものしり物語』光人社、一九九五
高田里惠子『学歴・階級・軍隊——高学歴兵士たちの憂鬱な日常』中公新書、二〇〇八
寺田近雄『日本軍隊用語集』立風書房、一九九二
中島正編『相模原遥かなる空よ　陸軍通信学校幹部候補生隊第一期生』一二三会、一九九二
服部卓四郎『大東亜戦争全史』原書房、一九六五
原剛・安岡昭男編『日本陸海軍事典』新人物往来社、一九九七
福川秀樹『日本陸軍将官辞典』芙蓉書房出版、二〇〇一
藤田豊『夕日は赤しメナム河——第三十七師団大陸縦断戦記』第三十七師団戦記出版会、一九八〇
防衛庁防衛研修所戦史室『シッタン・明号作戦——ビルマ戦線の崩壊と泰・佛印の防衛』戦史叢書三二巻、
朝雲新聞社、一九六九
山崎正男編『陸軍士官学校』秋元書房、一九六九
『作戦要務令』経営作戦社、一九六二
『地域別日本陸軍連隊総覧　歩兵編』「別冊歴史読本」特別増刊、新人物往来社、一九九〇
『兵隊たちの陸軍史』「別冊歴史読本」永久保存版第二七号、新人物往来社、一九九九

関連年表

年	月日	戦史、一般的事項	本書関連人物
一九一三（大正二）	一二月		鎮目武治、陸軍士官学校入校（二七期）
一九一五（大正四）	五月		鎮目武治、陸士卒業
一九三〇（昭和五）	一月		杉松富士雄、弁護士登録
一九三二（昭和七）	五月一五日	五・一五事件	
一九三六（昭和一一）	二月二六日	二・二六事件	
	三月		早川揮一、都島高等工業専門学校電気科卒業
一九三七（昭和一二）	七月七日	盧溝橋事件	
	八月一三日	上海事変（支那事変に）	
	一二月		福田義夫、陸士入校（五四期）

年	月日	戦史、一般的事項	本書関連人物
一九三八（昭和一三）	一二月		坂本順次、陸士入校（五五期）
一九三九（昭和一四）			早川揮一、歩兵第七八連隊（朝鮮竜山）入隊
	九月一日	ドイツ軍、ポーランド侵攻。第二次世界大戦	
一九四〇（昭和一五）	六月一四日	ドイツ軍、パリ入城。親ドイツのヴィシー政府成立（七月）	
	九月二三日	日本軍、北部仏印進駐	
	九月二七日	日独伊三国同盟締結	
	一一月一〇日	紀元二千六百年祝典	
一九四一（昭和一六）	一月八日	東条英機陸相、「戦陣訓」示達	
	七月二一日	日本とヴィシー政府、仏印の共同防衛に合意	坂本順次、陸士卒業。その後、大陸へ出征して歩兵第二二七連隊通信隊付
	七月二八日	日本軍、南部仏印進駐	
	一二月八日	日本陸軍、マレー半島上陸。日本海軍、ハワイ真珠湾攻撃	
一九四二（昭和一七）	六月五日	ミッドウェー海戦	

一九四三（昭和一八）	二月一日	日本軍、ガダルカナル島から撤退開始	
	八月		鎮目武治、歩兵第二二五連隊長に
一九四四（昭和一九）	六月六日	連合軍、北仏ノルマンディー上陸開始	
	六月一五日	米軍、サイパン島上陸	
	八月		坂本順次、アメーバ赤痢罹患
	八月二五日	連合軍、パリ入城	
	九月		中村武、弁護士登録
一九四五（昭和二〇）	二月	第三七師団、仏印に入る	
	二月三日	米軍、マニラ進入	
	二月一日	最高戦争指導会議、「情勢の変化に応ずる仏印処理の件」決定	
	三月九日	仏印武力処理（明号作戦）	
	三月一〇日	米軍、東京空襲（東京大空襲）	
	四月一日	米軍、沖縄本島上陸。六月二三日に戦闘終結	
	五月七日	ドイツ、連合国に無条件降伏	
	七月二六日	米英中によるポツダム宣言発表	
	八月一四日	御前会議でポツダム宣言受諾決定	

年	月日	戦史、一般的事項	本書関連人物
	八月一五日	昭和天皇、戦争終結の詔書を放送（玉音放送）	
	八月二三日	日本陸軍・海軍、復員開始	
	九月二日	降伏文書調印	
	九月一一日	連合国軍最高司令官総司令部（GHQ）、東条英機ら戦争犯罪人の逮捕を命令	
	九月二六日	海外からの復員第一陣、メレヨン島から別府港に到着	
	一一月二〇日	ドイツ・ニュルンベルク国際軍事裁判、開廷	
	一二月一八日	BC級横浜裁判、開廷	
一九四六（昭和二一）	一月四日	GHQ、軍国主義者の公職追放を指令	
	二月二一日		サイゴン裁判開始
	三月五日	チャーチル、「鉄のカーテン」演説（東西冷戦）	
	五月三日	極東国際軍事裁判（東京裁判）、開廷	
	六月		福田義夫、復員

	九月		杉松富士雄、中村武、戦犯弁護のためシンガポールへ
	一〇月一日	ニュルンベルク国際軍事裁判、閉廷。死刑判決一二人	
	一一月三日	日本国憲法公布	
一九四七（昭和二二）			早川揮一、復員帰国
	五月七日		福田義夫、逮捕
	五月九日		坂本順次、逮捕
	七月		中村弁護士、シンガポールからサイゴンへ
	八月		福田義夫、坂本順次、サイゴンへ
一九四八（昭和二三）	四月一日	ベルリン封鎖	
	五月		日本にいったん帰国した杉松弁護士、サイゴンへ
	九月		早川揮一、逃亡生活に入る
	一一月一二日	東京裁判、二五被告に有罪判決（死刑判決七人）	
	一二月二三日	東条英機らA級戦犯七人の死刑執行	

年	月日	戦史、一般的事項	本書関連人物
一九四九（昭和二四）	三月		早川揮一、逮捕
	八月		早川揮一、サイゴンへ
	九月七日	ドイツ連邦共和国（西ドイツ）樹立	
	一〇月一日	中華人民共和国樹立	
一九五〇（昭和二五）	一月二六日		ランソン事件、判決が下る
	五月二五日		サイゴンの日本人抑留キャンプ閉鎖、全員帰国
	六月二五日	朝鮮戦争勃発	
	一一月一〇日	旧軍人初の追放解除	
一九五一（昭和二六）	三月一九日		ランソン事件関係者の死刑執行
	六月一一日	豪軍によるマヌス島BC級戦犯裁判で死刑判決を受けた西村琢磨中将の死刑執行	
	九月四日	サンフランシスコ対日講和会議開催。対日講和条約、日米安保条約調印（八日）	
一九五二（昭和二七）	四月二八日	対日平和条約、日米安保条約発効	杉松富士雄、『死して祖国に生きん』出版

装幀　岡本洋平（岡本デザイン室）
カバー写真　『死して祖国に生きん』より

玉居子精宏（たまいこ・あきひろ）

1976年神奈川県生まれ。ノンフィクションライター。埼玉県立川越高校、早稲田大学第一文学部卒業。2004年から戦争の時代をテーマに取材を開始。05年ベトナム・ホーチミン市に移住。07年に帰国後も取材・執筆活動を続ける。著書に『大川周明 アジア独立の夢――志を継いだ青年たちの物語』『戦争小説家 古山高麗雄伝』（ともに平凡社）がある。

忘《わす》れられたBC級戦犯《きゅうせんぱん》 ランソン事件秘録《じけんひろく》

2023年6月25日　初版発行

著　者　玉居子精宏《たまいこあきひろ》

発行者　安 部 順 一

発行所　中央公論新社

〒100-8152　東京都千代田区大手町1-7-1
電話　販売 03-5299-1730　編集 03-5299-1740
URL https://www.chuko.co.jp/

DTP　今井明子
印　刷　図書印刷
製　本　大口製本印刷

Published by CHUOKORON-SHINSHA, INC.
Printed in Japan　ISBN978-4-12-005665-9　C0021